シリーズ　ベトナムの仏と神をたずねて ①

ハノイの寺

金田 力

創土社

目 次

はじめに ……………… 4	リンウン寺 ……………… 80
第1章　ベトナムの仏教 ……………… 5	リンウン寺 ……………… 81
第2章　ハノイの寺69撰	リクォックスー寺 ……………… 82
バーダー寺 ……………… 17	モットコット寺 ……………… 85
バットタップ寺 ……………… 20	ナムズーハ寺 ……………… 88
ボーデー寺 ……………… 23	ナムズートゥオン寺 ……………… 91
ボック寺 ……………… 26	ナムドン寺 ……………… 93
バオタップ寺 ……………… 30	ネン寺 ……………… 95
カウドン寺 ……………… 32	ゴックホー寺 ……………… 97
チャンティエン寺 ……………… 35	ゴッククアン寺 ……………… 100
チャウロン寺 ……………… 38	グーサー寺 ……………… 100
コーリン寺 ……………… 40	ニョン寺 ……………… 103
コーロア寺 ……………… 43	フォーザック寺 ……………… 103
ドンフウ寺 ……………… 44	フンコアン寺 ……………… 106
ドンクアン寺 ……………… 46	フンタイン寺 ……………… 106
ハー寺 ……………… 48	クアンスー寺 ……………… 108
ホアマー寺 ……………… 50	クアンミン寺 ……………… 111
ホエニャイ寺 ……………… 52	ソー寺 ……………… 112
フンキー寺 ……………… 55	タオサック寺 ……………… 114
ケオ寺 ……………… 59	ターイカム寺 ……………… 116
クオンハ寺 ……………… 62	タインチュア寺 ……………… 118
クオンチュン寺 ……………… 64	テンネン寺 ……………… 120
キムザン寺 ……………… 67	ティエンフック寺 ……………… 122
キムリエン寺 ……………… 69	ティエンクアン寺・クアンホア寺・ホアフ
キムソン寺 ……………… 70	アップ寺 ……………… 124
ラン寺 ……………… 72	トゥイリン寺 ……………… 126
リエンファイ寺 ……………… 75	ティンフック寺 ……………… 126
リンクアン寺 ……………… 78	チャンクォック寺 ……………… 129

チェウクック寺 …………… 131	ライダー寺 …………… 168
チュントウ寺 …………… 134	リンクアンフォン寺 …………… 168
トウカイン寺 …………… 134	リンクアン寺 …………… 169
ヴァンチー寺 …………… 137	リンウン寺 …………… 169
ヴァンホー寺 …………… 139	ロンクアン寺 …………… 170
ヴィンチュウ寺 …………… 140	マイフック寺 …………… 170
ヴータック寺 …………… 142	マットズン寺 …………… 171
ヴア寺 …………… 144	メチトゥオン寺 …………… 171
スアンドーハ寺 …………… 145	ミークアン寺 …………… 172
チャムザン寺 …………… 147	ニャイン寺 …………… 173
ダウ寺 …………… 149	ガーミー寺 …………… 173
ブットモック寺 …………… 151	ゴックホーイ寺 …………… 174
ヴァンニエン寺 …………… 153	ゴックチュック …………… 174
ザウ寺 …………… 155	グエンサー寺 …………… 175
フォーリン寺 …………… 158	ニャンホア寺 …………… 175
アムカイデー寺 …………… 161	フーチー寺 …………… 176
バクミエン寺 …………… 161	フーサー寺 …………… 176
チェム寺 …………… 162	フックホウ寺 …………… 177
ズエ寺 …………… 162	フックリー寺 …………… 177
ダイアン寺 …………… 163	クアンラ寺 …………… 177
ダイカット寺 …………… 163	クアンバー寺 …………… 178
ダイラン寺 …………… 164	クインドー寺 …………… 179
ダオスエン寺 …………… 164	センホー寺 …………… 179
ドンバー寺 …………… 165	スンフック寺 …………… 180
ザップニャット寺 …………… 165	スンクアン寺 …………… 180
フイヴァン寺 …………… 166	タムサー寺 …………… 181
キエンソー寺 …………… 166	タインアム寺 …………… 181
キムクアン寺 …………… 167	タインニャン寺 …………… 181
キーヴー寺 …………… 167	ティエンフック寺 …………… 182
ラックティー寺 …………… 168	トンニャー寺 …………… 182

トゥオンドン寺	………………	183
ティンリン寺	………………	183
ティンクアン寺	………………	184
チェウカイン寺	………………	184
チュンクアン寺	………………	185
チュオンラム寺	………………	185
トゥコアット寺	………………	186
ウンリン寺	………………	186
ヴァンフック寺	………………	187
ヴィンフック寺	………………	187
サーダン寺	………………	188
イエンノイ寺	………………	188
あとがき	………………	191

はじめに

　近年、ベトナム近代化のスピードと変化はめざましいものがあります。私はハノイに住み始めて15年になりますが、ハノイに来た当時は車も、中国製か旧ソ連製の車が1日数えるほどしか走っていませんでした。市内バスもなく、自転車だけが足でしたが、最近は90を超す路線バスが運行されています。

　このような激しい変化の波の中で変わらないものがひとつあります。それはベトナムの人びとの信仰心の篤さです。

　ハノイの町を歩いていると、寺の多さに驚かされます。広い道路に面して堂々と三観門（山門）を構えている寺、曲がりくねった細い路地の先に突然伽藍群が別世界のように展開する寺、広大な大学のキャンパスの中に鎮座まします寺など、実に多彩です。

　ベトナム人の7割は仏教徒だといわれています。しかし、この言い方は正確ではありません。寺に入ってすぐ気がつくことですが、どこの寺にも仏像のほかに、道教、儒教の神像と聖賢像が祀られています。つまり、ベトナムの寺は3教を祀っているのです。

　なかでも昔、中国を経て、あるいは直接インドから渡ってきた仏教の慈悲博愛の教えは、歴史の長い時間の中で大勢のベトナム人の心に深く根付いていきました。数百年の間、寺は学校であり、善を伝える場所でした。安置されている多くの仏像の姿はさまざまで、その人間らしさは、多くの人びとの魂を表現しています。

　国も寺の保護には力を入れています。1984年、ベトナム民族の貴重な文化歴史遺跡を保護するために名勝古跡法が制定されました。

　本書はNguyen The Long、Pham Mai Hung著『Chua Ha Noi』を底本とし、ハノイの寺のガイドブックとしてお役に立てる部分を中心として、超訳してみました。文中の写真はすべて私が撮影したものです。撮影禁止のため写真の無い寺、古い写真、ピンボケ写真等ありますが、ご容赦ください。

第1章　ベトナムの仏教

仏教の伝来

　仏教は紀元前5世紀頃、インドで釈迦によって創設されたといわれています。釈迦の幼名はゴータマ・シッダールタ、父親はインド北部の釈迦族を支配していたシュッドーダナ王でした。釈迦の誕生は、中華・ベトナムの陰暦4月6日、満月の日とされています。

　当時のインド社会では、宗教勢力としてバラモン教が優勢でした。バラモン教は人びとを4つの階級に分けました。バラモン（司祭階級）を最上位におき、以下、クシャトリヤ（戦士・王族階級）、ヴァイシャ（庶民階級）、シュードラ（奴隷階級）となります。これらのカーストに収まらない人びとはそれ以下の階級パンチャマ（不可触賤民）とされました。こうしたバラモン社会に釈迦は疑問を抱き、社会の底辺の人たちを救済するために新しい宗教哲学を創始しました。

　仏教の世界観は輪廻と解脱の考えに基づいています。人の一生は苦であり永遠に続く輪廻の中で終わりなく苦しむことになる。その苦しみから抜け出すことが解脱であり、だれでも修行により解脱を目指すことができる、と王子は考えました。

　王子シッダールタは、29歳の時、一子ラーフラをもうけたのを機に、かねてより念願の出家を果たし、全ての人々の苦痛を救うために、生涯をかけることにしました。シッダールタはその思想を普及させるために、あらゆる場所へ赴きました。やがて仏教はインド周辺からアジア全域に広がっていきました。

中国への仏教の伝来は、1世紀頃と推定されています。おそらくシルクロードを往来する商人がもたらしたのでしょう。ベトナムへの仏教の伝来はむしろ中国より早く、僧と商人によって海路と陸路の両方を通じて直接インドからもたらされたと推定されます。

　2世紀末頃、交州がベトナム仏教の中心地となっていました。交州は漢の武帝の時代、現在のベトナム北部を中心に置かれた行政区域のひとつ交趾に由来します。当時インドからやってきた僧侶や商人が沈香を炊き、経を読み、仏を祀り、交州の人びとに仏教を広めました。

　後漢末、中国では反乱がつづき、静かなのは交州だけといわれました。そこで、北方から難を逃れての多くの学者がこの地へやってきました。そのひとりが思想家・牟子（牟博とも）です。牟子は諸子・兵法・神仙の書など広く学び、仏教を究め、儒仏道三教の一致を説きました。当時、僧侶は赤い袈裟を着て、サンスクリット語で仏教を学びました。その影響は現在も残っていて、現代のベトナム語には「仏陀の言葉を音訳した」言葉が多く発見されます。

　隋文帝（603～617年）の時代、隋朝は交州での寺の建立を奨励しました。そのため交州には寺が20カ寺もあり、僧は500人以上もいて、仏教の経典に至っては15種類以上も翻訳されていたといわれます。唐朝になって交州は安南と改称されました。

仏教の宗派

　仏教は発展の過程で2派に分かれました。1つは「上座部仏教」、もう1つは「大乗仏教」です。上座部仏教はかつて「小乗仏教」とも呼ばれました。「乗」とは教えの事で、乗り物にたとえられます。"小さな乗り物"を意味とする「小乗仏教」の呼称は、「大きな立派な乗り物」を意味する大乗仏教側がつけた差別語でしたので、近年は使われなくなりました。

インドの古い仏教を色濃く残した上座部仏教は、スリランカを経て東南アジア諸国に伝わり、タイ、カンボジアなど東南アジアで発展しました。「南伝仏教」とも呼ばれます。上座部仏教は、出家して修行を積むことを通してのみ悟りに達することが出来ると説く、出家主義をとります。ブッダによって定められた戒律と教えを純粋に守り伝える姿勢を堅持してきました。ブッダのように、出家して欲望を抑えた生活を実践し、ブッダの境地に近づくことが理想とされました。

一方、大乗仏教は中央アジアからシルクロードを経て中国、朝鮮、日本などで発展しました。それで「北伝仏教」ともいわれます。上座部仏教では修行をしたわずかな人しか救われず、一般の人びとは救われません。しかし、ブッダはすべての人を救いたかったはずだ、という思想のもとに誕生したのが大乗仏教です。誰でも悟りに至るチャンスがあると考えましたが、その方法をめぐってさまざまな宗派が生まれました。

インドからベトナムの交州に最初に入ってきた仏教は上座部仏教でした。当時のベトナム人の信仰は土着の多神教で、全ての場所に神が存在していました。例えば、雷神、稲妻神、雨の神、山の神、川の神（山の精・水の精）、溶樹の神、竈（かまど）の神などです。仏教はそれらの多神教と混淆する形で広がっていきました。この後、中国から大乗仏教の一派である禅宗の僧侶がやってきて、仏教の普及に力を入れました。そのため、ベトナム、特に北部では徐々に大乗仏教が主流になりました。現在でも南部のホーチミン市は上座部仏教が多いようです。

儒教と道教も伝来しましたが、交州ではあまり浸透しませんでした。都護（辺境地域を管理するために中央から派遣された長官）が「孔子の教え」「老子の教え」を無理に押し付けようとしたため、交州人の反感を買ったからです。

大乗仏教のうち、ベトナムでは主に禅宗・密教・浄土教の3派、なかでも禅宗が最も有力でした。

禅宗

　禅とはサンスクリット語の Dhyna が中国で音写され「禅那」(ゼンナ)、更に略され禅になったといわれています。3世紀半ば頃、交趾出身の姜曾会という名の僧が、東呉(中国)で禅を学んで帰り、ベトナムで最初に禅宗を普及させたといわれています。禅の修行には知恵と心静かに思考する工夫が必要とされ、そのために学識のある上流階級に好まれました。

浄土宗

　浄土宗も幾つかの資料によると、4～5世紀にはベトナムへ伝わったようです。禅宗と違い、南無阿弥陀仏を念じるという簡単な修行だけで仏の援けを得られる浄土宗は、読み書きができない大衆の願望・要求を満足させてくれました。そのため浄土宗は、世に出た後に早い発展を遂げました。

　3つの有力宗派をあげましたが、それらが対立抗争を繰り広げることはありませんでした。それどころか、外敵の侵入に際しては、しばしば一致協力して立ち向いました。

　仏教が受難の時代を迎えたのは、フランス植民地の支配下に入ったときです。植民地政府はいくつかの仏教寺院を破壊し、カトリック教会や政府の建物に建て替えました。ベトナム戦争の最中の1963年、サイゴンで禅僧・釈　広　徳(ティッククアンドック)がゴ・ディン・ジェム大統領の独裁政治を終わらそうと「焼身供養」をしたこともあります。戦後の1980年代になってベトナム仏教界もようやく落ち着きを取り戻し、現在に至っています。

仏教の例祭日

仏教には1年に3回の祭り、仏の誕生・仏の成道(じょうどう)・盂蘭盆会(うらぼんえ)があります。

仏誕礼：釈迦牟尼が降誕したのはインド暦の2月30日です

礼仏成道：成道とは、仏が悟りを開くことによって、一切の生けるものが成仏できること。インド暦では10月の満月の日ですが、ベトナムと中国の暦では12月15日になります。

盂蘭盆会：仏に慈悲を求め、衆生を普く済度されることを願う日です。陰暦7月15日です。

また毎月・陰暦の1日はソック、15日はヴォンと言って、寺や神社に参詣するのが習慣になっています。

ベトナムの寺院建築

ベトナムで一番古い寺は、2世紀初頭、当時の仏教の中心地であった類婁（現・北寧(バックニン)省順城）に建立されたザウ寺と呼ばれていた寺であろうといわれています。黎朝、李朝、陳朝時代、多くの寺が建立されました。また1964〜1971年の間に、ホーチミン市で3ケ寺が建立されています。いちばん新しいところでは、1971年にできたヴィンギエム寺（永厳寺／Chùa Vĩnh Nghiêm）でしょう。伽藍の規模は大きく、日本と縁の深い寺です。鐘楼は日本の曹洞宗から贈られたもので、鐘には日本語で「日本の佛子こぞりて捧げたる。平和の鐘はベトナムに鳴る」と彫られています。

ベトナムには壮麗な伽藍はありません。ヴィンギエム寺は例外です。通常、地域の住民が木と煉瓦のような伝統的な素材を使って、自分たちの手で建設しています。また、儒教が支配的な地位にあった封建時代、

王侯諸侯の建物より大きくて高い建物は規制されていました。

三観門

　参拝者が寺に入る際、通常、三観門（山門）を潜ります。三観とは、認識・視覚・観察という仏教の哲理からくる言葉です。「三関門」と書かれることが多いのですが、私は「三観門」が正しいと思います。

　典型的な三観門は、大きな２本の柱の両側に小さな柱が建ち、寺に入る３つの道が造られています。前方の柱には普通、対句が書かれています。三観門の上には小さな屋根があり、その下に鐘楼が設けられている例もあります。

　三観門はいわば寺の表玄関ですから、どの寺も意を凝らしています。しかし、ハノイには三観門がない寺もあります。かつては存在していたのですが、周囲の環境が変わって取り壊さざるをえなくなったのかもしれません。また立派な三観門はあるのですが、入り口が住居などに占拠され道路に面しておらず、内側からしか見られない寺もあります。

伽藍の配置

　三観門の先に本堂など伽藍が展開します。各建物の配置のレイアウトは横１列、横２列、横３列のもの、丁の字（Ｔの字のような）型、工の字（Ｈを横にしたような）型や、また「内工外国」（中がＨを横に、周囲を四角の形で包んでいる）などさまざまです。また柱と柱の間を「〜間」といい、この単位で間口の広さを表します。通常は奇数が多く、３・５・７・９間の間が多いようです。１間の長さは日本の１間より少し広いようです。

護法像と魔除け

境内に入ると、ふつう前方に本堂が見えます。まず目につくのは正面の両側に剣や薙刀で武装していかめしく構えている対の護法像（Hộ Pháp）です。正面に向かって右側が善像（ông Thiên）、左側が悪像（ông Ác）で、仏像と仏法を守る神です。

寺によって、護法像は三観門の外に安置されているところもありますが、たいていは本堂の前または本堂の中にあります。

寺の屋根や壁、柱の先などあちこに見られるのが、魔除けのゲー（ライオンの仔）やホーフー（虎符）、また四霊（鳳凰・龍・麒麟・亀）の彫刻です。精巧なものが多く、これを眺めるだけも楽しいでしょう。

多彩な像の数々

本堂に入ると、日本の寺と同じように信者たちが坐る外陣と僧侶達が祈祷時に座る内陣とに分かれており、さらにその奥の一段高いところに本尊など仏像を奉安する三宝（須弥壇）が設けられています。一見して驚かされるのは、その仏像の多さです。まず10体は下りません。

ベトナムの寺は、どこも数多くの像を安置しています。少ない寺で10体位、多い寺では数100体を数えます。寺の方でも仏像の数、内容、創作形式については関心が薄いので、同じような像も多く、また信徒から仏像を寄進されればどんどん受け入れているようです。さらに同じ堂内に、道教・儒教の神と聖賢も同居していますので、像の数はますます多くなります。

像の材質は木像、塑像、銅像、石像、さらにその上に金か銀の箔を貼ったものなど多彩です。また、坐像、立像、大小様々です。11～12世紀、

ベトナムの鋳造技術はかなり発展し、銅や金で鋳造した仏像も多く現れます。しかし14世紀末にベトナムに侵攻した明軍により、多く銅像が持ち去られてしまいました。現在、やはり多いのは木像で、ふつうミッツ（Jack Fruit）の木を使います。大きな像は部分に分けて、組み合わせて造ります。石像はほとんど見かけません。なお北部には肉体像（ミイラ）を安置している寺があります

　通常、外陣と内陣の境には間仕切り門があるのも、日本の寺とは違う点でしょう。左右の柱と長押の箇所には精緻な透かし彫り施された板（クアヴォン）が取付けられています。題材は四季の風物、四霊などさまざまですが、その華麗さは堂内の荘厳さを引き立てます。

仏像の配列

　須弥壇（祭壇）の多くは4～6段で構成されていますが、仏像ひとつひとつに名札をかけてありませんので、何の仏像かは理解するのは困難ですが、配列には一定のルールがありますので、慣れればかなりわかります。

三世像

　まず天井にくっつきそうな最上段にある3体の像は三世観音像（Tam Thế）です。三世像は右に過去像（Quá Khứ）・中央に現在像（Hiền Tại）・左に未来像（Tương Lại）の三世代像からなります。

　大きな寺では、2つの祭壇を追加しています。三世像の下の段に三神身像（Tam Thần）、さらにその下の段に三宝像（Hóa Thân）が配置されて、三世・三身・三宝像は対になっています。

阿弥陀三尊像

　三世像の下の段には阿弥陀三尊像がきます。中央に阿弥陀像（A Di Đà）、脇侍は右に大勢至菩薩像（Đại Thế Chị）、左に観世音菩薩像（Quán Thế Am）が安置されています

　極楽往生を叶える西方極楽浄土の教主。釈迦如来（釈迦牟尼）は阿弥陀の弟子です。

釈迦牟尼像

　阿弥陀像の下段に釈迦牟尼像（Phật Thích Ca Màu Ni）がきます。いわゆるお釈迦さまです。世尊像（Thế Tôn）とも呼ばれます。この世尊像を本尊として、ひときわ大きく作られている寺が多いです。釈迦の脇侍は一般的には、獅子に座す文殊菩薩像と象に跨る普賢菩薩像です。または世尊像の左に迦葉像（Phật Ca Điệp）、右に阿難陀像（A Nan Đà）がくることもあります。迦葉は釈迦の弟子中、最高位にある人でした。阿難陀は釈迦の従弟であり、釈迦の傍にいつも控えていました。

　普通、釈迦牟尼像は、釈迦の生涯の場面に沿って4種類の姿勢で作られています。

1：九龍像（Cửu Long）。釈迦誕生を描いています。釈迦が生まれる時、9頭の子供の龍が現れ、水を噴出し輝くばかりの後光の輪が作られました。水浴びを終えた釈迦は東西南北の四方向へ立って7歩歩き、左手は天を、右手は地を指し、「天上天下、唯我独尊」と言ったという故事を写したものです。釈迦の生誕を祝う大事な像であるために、どの寺でもこの像はあります。多くの寺には信徒が寄進したものを含めて数体の釈迦誕生像が安置されてます。釈迦誕生像の両側には、右

に梵天像（Tượng Phạm Thiên）、左に帝釈天像（Đế Thíich Thiên Vương）が置かれています。いずれも仏になる前の釈迦を護る侍従です。

2：雪山像（Thuyết Sơn）。ヒマラヤの雪山で難行苦行し、やせ細った姿を描いています。

3：説法像。得道し、座して説法をする座す姿を描いています。

4：涅槃像（Niết Bàn）。涅槃の域に達した姿を描いています。

弥勒菩薩像・准胝観音像

　釈迦牟尼仏像の下の段に弥勒菩薩像か准胝観音像（じゅんていかんのんぞう）がきます。弥勒は釈迦の次に仏の地位につくと予言された菩薩です。准胝観音は子授けご御利益のある女性尊です。手の数が多い点は千手観音と似て紛らわしいですが、腹の上で組み合わせている両手の形が違います。千手観音の両手はピタリと合わせた合掌型ですが、准胝観音は両手を合わせた指を組んでいます。日本では両手を開いているので容易に区別がつきます。

　この下の段に九龍像がくることが多いです。

神殿・聖母殿

　本堂の後方に僧堂（後堂）とよばれる、部屋（建物）が続いています。そこには、儒教や道教の神や聖母たちを祀る部屋、歴代の住職を祀る祖師堂、信徒の故人の写真をかざって供養する部屋（ベトナムには日本の寺にある位牌堂や墓地はほとんどありません）があります。特に、どこの寺にもある祭壇が聖母殿です

　ベトナムの人びとの聖母信仰の深さは大変なものです。

　聖母道は中国の道教に端を発し、ベトナムで独自の発展とげた信仰です。玉皇上帝が統括する府という世界には天・地・水の三府があり、そ

れぞれ上天聖母・地仙聖母・水宮聖母が司っています。さらに三という数字を好まないベトナムで山岳・高原・森林を象徴する府・上岸(じょうがん)聖母が加わり、四府として信仰されています。上岸聖母を祀る祭壇を別に設けるところが多く、その祭壇は山荘(サンチャン)（sơn trang）と呼ばれています。

ハノイの寺へ

　それでは、ハノイの寺を実際に訪れてみましょう。

　ハノイは2008年8月、旧山西（Son Tay）省全域を合併するなど大幅な市町村合併により寺の数も相当増えました。その中で、原著にはありませんでしたが、是非取り上げておきたい寺を6カ寺選び、あらたに追加しました。

　お寺には僧侶が住んでいますので、神社や祠と違っていつでもお邪魔できますが、なるべく昼時間は避けたほうがよさそうです。旧暦の1日（ソック）と15日（ボン）は、お参りの日になっており、一日中開けて信者を待っています。

第2章　ハノイの寺69撰

Bà Đá 寺（婆石寺／漢字名・霊光寺 Ling Quang tự）
（バーダー）

バーダー寺はハノイの中心にある還剣湖（ホアンキエム）から徒歩5分、教会(phố Nhà Thờ)通り3番にある。伝説によると、黎聖宗帝（Lê Thánh Tông、レータイントン、1460〜1497年）時代に報選村（làng Báo Thiên、バオティン）のある村人が女人の石像を彫った。人びとはこれを婆石仏として敬い、祠を建てて祀り婆石祠と呼んだ。その後村人は寺を建立し、僧侶を迎えて仏を祀った。現在までに、寺は何度も修復されている。

バーダー寺：【左】寺の入り口。この寺にもかつては三観門があったはずだ。【右】本堂に安置されている本尊の釈迦如来像。

この寺には、他の寺と違って三観門がなく、入り口はバイクがやっとすれ違えるほど狭い。前堂は「一」の字形、中堂は「T」字形でそれぞれが繋がっている。

　三世像、阿弥陀三尊像、蓮華座に座る釈迦如来像、文殊菩薩像、普賢菩薩像など漆塗りの上に金箔を貼った木像が多くある。各像とも他の寺に比べサイズが大きめである。作成年はわからないが、祭具も多く保存されている。1823年と1881年に鋳造された2つの鐘、1842年に鋳造され馨(けい)(昔の楽器)がある。

　寺はもともと、禅宗の有力宗派の竹斎禅派(ラムテー ゼンパ)(thiền phái Lâm Tế)の開祖を祀る寺であった。現在、ハノイ仏教協会の本部になっている。

バーダー寺：本堂正面。右手に仏教会本部の建物がある。

第 2 章　ハノイの寺 69 撰

バーダー寺：【上】儒教の神を祀る祭壇。【下】道教の神を祀る祭壇。

バーダー寺:【上・下】十全閻魔大王。

Bât Tháp寺(鉢塔寺)
　バットタップ
　バットタップ寺は万宝寺(Bát Tháp tự)とも呼ばれ、ハノイ市巴亭郡
　　　　　　　　　　　　　　　　　　　　　　　　　　　　　　バーディン
隊艮区(phường Đội Cấn)ドイカン通りにある。バスは09番ドイカン通
ドイカン
り下車。万宝山の山頂にある。544年、唐に反乱を起こし、ベトナム初の
独立国・萬 春を建てた李南帝(503～548年)が建立したといわれる。
　　　ヴァンスアン　　　　　リーナムデー
　寺は南向きで、建物の配置は「逆Tの字」型で、前堂が7間、後宮が
3間である。19世紀の本格的な彫刻作品が主である。

第 2 章　ハノイの寺 69 撰

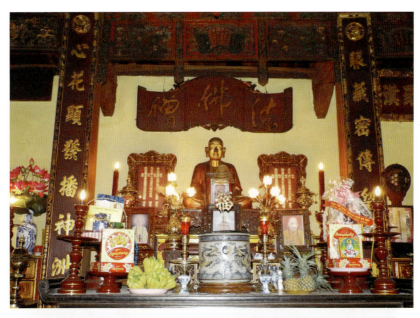

バーダー寺：【上】祖師堂。【下】羅漢像。

バットタップ寺:【上】ドイカン通りに面した三観門。【下】仙人が住むという仙境。

Bồ Đề 寺(菩提寺)

ボーデー寺は、ハノイの中心から西へ約7km、青春郡仁政区(xã Nhân Chính)にある。バスは、朗(Lang)通りからブーファムハム通り、徒歩15分。

寺の規模は中庸で、何度も修復がされている見事な三観門、三宝、前堂、上殿があり、土蔵造りで建立されている。また、多くの仏像と1814年鋳造の古い鐘がある。

ボーデー寺:きらびやかな三観門。

ボーデー寺:【上左】「菩提寺」と漢字で書かれた入り口。【上右】ベトナムを象徴する水牛と子どもの聖人。【下】聖母殿。

第2章　ハノイの寺69撰

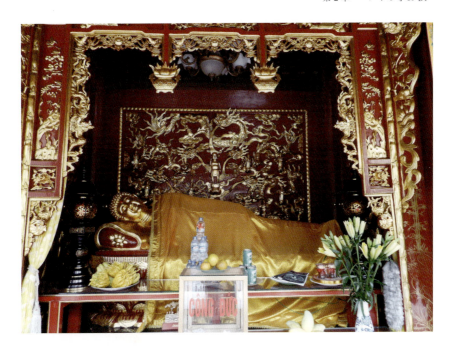

ボーデー寺：【上】本堂の前にある涅槃像。【下】歴代の住職を祀る墓塔。

ボーデー寺：地蔵堂。壁にはこの寺に縁ある故人の写真が祀られている。

Bộc 寺（曝寺／漢字名・崇福寺 Sùng Phúc tự）

ボック寺はハノイ市棟多郡曝寺通（phố chùa Bộc）りのほぼ中央にある。バスで 12、18 番。他バス多数。

寺にある一番古い碑文によると、17 世紀後半の後期黎朝時代に建立された。昔の寺は 1789 年清軍との戦争の際に焼失したが、3 年後、住職・黎亭　亮（Lê Đình Lượng）が再建した。その後、何度も修復を重ねて現在に至っている。

三観門、三宝、礼拝堂、塔があり、庭は広い。毎年陰暦 1 月 5 日には、1789 年の対清戦争を指揮した光　中皇帝（Quang Trung、1753〜1792 年。姓・阮惠。西山朝〈1786〜1802 年〉の第 2 代皇帝）を偲ぶ祭が盛大に行

われる。光中皇帝は清軍の精鋭10万を壊滅させた英雄である。寺の周囲には清軍の戦死者を埋葬したいくつかの丘があった。現在、残っているのは1カ所だけだが、ボック寺はもともと清軍の戦死者を弔うために建立された。

寺に聖徳（Thanh Duc）と呼ばれる像がある。1962年4月22日、歴史学者の陳輝伯（Trần Huy Bá）が聖徳像を調査した際、木の台座の後方に「丙午（1846年）光中像を造る」という文字が彫られているのを発見した。このことから、聖徳像は光中皇帝の像ではないかということになった。

像の上に掲げられたホアンインフイ（扁額）には「威風凛烈」の4文字が彫られ、両側には以下の、対句が書かれている。

洞李無陳、大地山川棟武

光中化仏、小天世界轉風雲

ボック寺：ボック寺通りに面した三観門。

ボック寺：【上左】護法像（悪像）。【上右】護法像（善像）。
【下左】三宝。【下右】仏婆観音。

ボック寺:【上】氏経観音。【下】光中皇帝の神像?。

ボック寺：【左】聖賢像。【右】祖師堂。

Bảo Thâp 寺（宝塔寺／漢字名・上福寺　Thượng Phúc tự）

　バオタップ寺は、菩提寺（chùa Bồ Đề）とか菩薩寺（chùa Bồ Tát）、または、村の名前から上福寺（chùa Thượng Phúc）とも呼ばれている。ハノイ市青池県左青威区(xã Tả Thanh Oai)上福村(thôn Thượng Phúc)にある。寺の縁起によると、陳朝(1225〜1400年)時代、皇帝の子孫で、中国の役人をしていた男が修行のため役人を辞し、この地に来て寺を建立したとある。

　1390年に建立された碑によると、陳憲宗帝（Trần Hiến Tông、1329〜1341年）の時代、軍の反乱により首都が混乱した際、明慈皇太后がこの寺に難を避け、その後、念仏を唱え仏教に帰依して、住職になった。

　寺の規模はかなり大きく、鋭川（sông Nhuệ）に沿って展開している。三観門をくぐると、煉瓦敷きの道が広い庭を通って前堂に続いている。

前堂は7間で、梁やたる木には、花や雲などの彫刻が施されている。

　上殿に続く通路の壁面の彫刻には、三蔵法師が3人の弟子とともに西方へ経典を求めて旅をする姿が描かれている。彫刻作品はとても珍しく、美しい。

　前堂の後ろの上殿は5間、その後ろに2列の渡り廊下と広い庭がある。庭の中央には四角い芳亭が建てられている。屋根のたる木には、花と龍、龍と雲、鳳凰など緻密な浮き彫りが施されている。

　後宮の屋根には魔除けのホーフー像が置かれ、ブックコンには四霊（麒麟・龍・亀・鳳凰）や四季の風景が彫られている。また、聖母殿、祖師堂、ゲストハウスなどがあるが、特別なものはなにもない

　寺には貴重な収蔵品が多い。例えば、1843年に造られた銅製の磬、1813年に鋳造された銅鐘（高さ1.15m）、1726年の修復時に彫刻された木製の碑（0.48×1.63m）などである。仏像は三世像・南海観音・阿弥陀三尊・十全閻魔大王像・徳翁（神像）・聖賢像・祖師像など75体ある。多

バオタップ寺：後宮の屋根のブックコン。

くは19世紀の作品で、いずれも美しく芸術性に富んでいる。

Cầu Đông 寺（橋東寺／漢字名・東門寺 Cửa Đông tự）

カウドン寺は東門寺（Đông Môn tự）とも呼ばれ、漢字の門額は「橋東寺」と「東門寺」の2つがある。ハノイ市還剣郡行桃区（Phố Hàng Đào）行糖通（phố Hàng Đường）38番、ホアンキエム湖から徒歩5分のところにある。旧市街にある寺は、近年の道路拡張のため以前よりだいぶ狭くなっている。

碑に刻まれた「東門寺記」によると、1624年、僧道安（Đạo Án）により建立され、その後、何度も修復されている。建築様式は阮朝時代初期の特徴が見られる。

カウドン寺：本堂正面。裏に亭がある。

寺には約60体の仏像があり、等身大に作られたものが多い。18世紀に作られた三世像（過去・現在・未来）は芸術的な価値も高い。薄い袈裟をまとった雪山像の清潔で気高い容貌は人びとを魅了する。太鼓腹の布袋像（弥勒菩薩）の顔立ちは輝かしく、円満な微笑を湛えている。その他、千手観音、釈迦誕生などの像はいずれも芸術的価値が高い。

仏像の他に、陳守度（Trần Thủ Độ）夫妻の像も祀られている。李朝の外戚だった陳守度は1225年李朝を簒奪し、陳朝を興した〔～1400年〕。1624年、1640年、1712年に建立された古い碑、景盛年号（1800年）に鋳造された鐘も保存されている。

カウドン寺：先祖や始祖を祀る祖師堂。

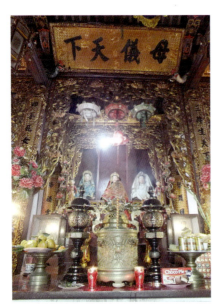

カウドン寺：【上左】聖母殿。【上右】三宝に安置されている釈迦如来像。【下】陳守度夫妻の像。

Chân Tiên 寺(眞僊寺)
<small>チャン ティエン</small>

チャンティエン寺はハノイ市二婆徴郡婆趙通り(phố Bà Triệu)151番にある。バスは バーチェウ通り、ヴィンコムタワー下車、徒歩5分。
<small>ハイバーチュン　バーチェウ</small>

寺の縁起によると、李朝第3代皇帝・李聖宗(Ly Thánh Tông、1022〜1072年)の時代に建立された。
<small>タイントン</small>

境内には三宝、聖母殿、礼拝堂、僧侶の宿舎、塔などがある。三宝は逆Tの字型で、前堂が5間の「土蔵造り」、上殿は3間である。

数は多くはないが、千手観音菩薩像などの仏像、柱などに施され彫刻は18〜19世紀の素晴らしい芸術作品といえる。

また寺には、1406年の明の永楽帝によるベトナム侵攻に反明軍の義兵を挙げ、長期の抵抗運動の末、明軍をベトナムから撤退させ、後黎朝(1428〜1527年)を創始した黎利(黎太祖)が祀られているが、皇帝が神として祀られているのは珍しい。
<small>レロイ　レタイト</small>

チャンティエン寺:入り口の壁に描かれた理想の仙界。

チャンティエン寺：【上】三宝。20体以上の像が祀られている。【下左】千手観音像。【下右】准胝観音像と釈迦生誕像。准胝観音像は腕の数が多い点で千手観音と混同されやすいが、胸前の両手が千手観音は両手の掌を合わせた合掌型であるのにたいして、准胝観音は両手の指を組んだ「説法印」をとる（ただし日本では両方の掌を開く）。

第 2 章　ハノイの寺 69 撰

チャンティエン寺：【上左】黎利の像。【上右】黎利の霊牌。歴代の皇帝の中で神として祀られているのは珍しい。【下】黎利の事績を解説した掲示板。

Châu Long 寺（珠龍寺）

チャウロン寺はハノイ市竹白区珠龍通り（phố Châu Long phường Trúc Bạch）44番地にある。近くには、五社村の市場と竹白湖がる。バスは観聖通り、14、45、50番にて、徒歩10分、五社市場内。

　古い資料によると寺は昔からあったようだが、何度も修復されている。前堂は5間、「逆Tの字」型で、柄の部分は3間である。仏像、石碑、衝立、銅鐘など美術的に価値の高いものが多い。

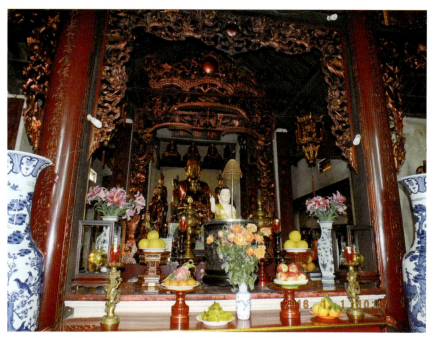

チャウロン寺：三宝。仏像の数は少ないが、像のサイズは大きい。

第2章　ハノイの寺69撰

チャウロン寺：【上左】三観門。寺の境内の多くは食堂に占拠されている。
【上右】准胝観音像。【下】地蔵堂。

チャウロン寺：地蔵堂。寺には墓はないが、その代わりに故人の写真が数多く安置されている。

Cổ Linh 寺（古霊寺）
コー　リン

コーリン寺はハノイの中心から南へ約 15km、黄 梅郡嶺南区（phường Linh Nam）の紅河沿いにある。バスは嶺南通り、04 番にて。
ホアンマイ　リンナム

　三観門・前堂・上殿・聖母殿などからなり、規模は大きい。三観門の 2 本柱の天辺に 4 羽の尾を組み合わせた鳳凰の塑像が置かれている。前堂は 5 間の「土蔵造り」、屋根の天辺に太陽の塑像が置かれている。前堂と接続している上殿はは 3 間の造りである。

　上殿と前堂には三世像、阿弥陀三尊など多くの像があり、像は大きくはないが芸術性は高い。

コーリン寺：【上左】三観門。【上右】本堂。【下左】護法像（悪像）。【下右】護法像（善像）。

コーリン寺：ベトナムではどの寺も、三教（仏教の仏、儒教の神、道教の仙人）を祀っている。【上】は道教の仙人を祀る聖賢堂、【下】は儒教の神・陳興道(チャンフンダオ)を祀る。

Cổ Loa 寺(古螺寺/漢字名・宝山寺 Bảo Sơn tự)

　コーロア寺はハノイ郊外、東英県古螺にあり、門額には「寶山寺」と漢字で書かれている。バスは 17、46 番。

　「内工外国」型の建築様式で、前堂の両側に渡り廊下がある。後宮・焼香堂・前堂・聖母殿には 134 体の芸術性の高い像が安置されている。

　三世像、釈迦像、観音菩薩像、千手観音像、准胝観音像、南海観音像、九龍像、護法像、金剛像、十八羅漢像、柳杏像、陳興道像などである。

　17 ～ 19 世紀に建てられた 5 基の碑、1803 年（嘉隆 2 年）に鋳造された 2 つの銅鐘、銅製の磬、銅製の衝立、陶磁器などが保存されている。

　また安陽王の像も祀られている。安陽王とは、紀元前 257 ～ 207 年、古螺に都を置いた甌駱王国の王である。

コーロア寺：【左】雪山像。釈迦牟尼がインドの高山で修行している姿。苦行のため痩せこけている。【右】威力絶大の大弓を考案した甌駱王国の将軍・高魯の像。

コーロア寺：安陽王を祀る祠。

Đông Phù 寺（東府寺／漢字名・興隆寺 Hưng Long Tự）

　ドンフウ寺はハノイ市清池県東美村（thôn Đông Mỹ）にある。8番のバスの終点から徒歩5分。門額は「興隆寺」とあるが、ふだんはニョット寺（chùa Nhót）、または、祠寺とも呼ばれている。それは、この寺が、寺の興隆に尽くした2人の夫人を祀っているからである。

　村人の言い伝えによると、寺は李朝時代からあったようだ。1072年、李仁宗（Ly Nhân Tông）帝の2人の姫、徐実（姉）と徐輝（妹）が東府寺で修行するために首都・昇龍からこの地にやってきた。父帝は2人に3000畝の土地を下賜した。この土地を姉妹は、周辺の村々に分け与えた。さらに米作りができるように村人を指導した。また村人にさまざまな手仕事を教えた。姉妹の努力によって、この地方の人々の生活は飛躍的に向上した。李仁宗帝は、その功績を称え、「大聖包封大菩薩紅蓮空下」と

いう名を姉妹に封じた。

　寺は、三観門・前堂・渡り廊下・焼香堂・聖母殿・祖師堂などからなる。また二位夫人像をはじめ 42 体の大小の像、駕籠、「天敘紅鐘碑記興龍」の銘がある吊り鐘、1620 年（永祚 2 年）に彫られた石碑などがある。

ドンフウ寺：【上】三観門。【下】本堂。

Đồng Quang 寺 (同光寺)

ドンクアン寺は、ドンダーの丘公園の向かい側、ハノイ市棟多郡 光中区(phường Quang Trung)にある。

1856年に建立された碑によると、紹治(1840～1847年)年号の頃、ハノイ総督・鄧侯(Đặng Hầu・Đặng Văn Hòa)の命で、この地に12の丘をつくり、1789年の「ドンダーの戦い」(清国との戦争)の戦死者の遺骨を埋葬するための墓殿がつくられた。その後1851年、時の総督・阮登階(Nguyễn Đăng Giai)が道路を開き、この地域に新しい市場をつくろうとした際、さらに多くの遺骨が見つかった。そこで、それを埋葬するためもう1つの丘をつくり、そこへ同光寺を建てた。その後、寺は何度も増築・修復されている。

寺は仏を祀る部屋と「ドンダーの戦い」の死者を祀る祭壇の2つに分かれている。三宝は南向き、「工」の字の形で、前堂が5間、上殿が3間である。

寺には37体の像があり、その内19体が三宝、14体が聖母像で、祠堂

ドンクアン寺:【左】文殊菩薩。【右】普賢菩薩。

にある4体は光中像である。その他に、厨子5箱（ガラスケースに入った像）、14の石碑と2つの鐘がある。

ドンクアン寺：千手観音像。

Hạ 寺（荷寺／漢字名・聖徳寺 Thánh Đức tự）

ハー寺はハノイ市橋紙郡駅望区（phường Dịch Vong）にある。ハノイから山西市（Sơn Tây）へ向かう32号線を紙橋から約1km進み、角の花屋を右に入ったところにある。バスは、カウザイ通り、チュアハー通り下車。

寺の縁起によると、黎熙宗（Lê Hy Tông、在位：1676〜1705年）時代、2人の商人が陶磁器を売るために、土荷村（làng Thổ Hà）で仮住まいしていた。この2人は、商売が繁盛したので1680年（正和元年）、金を寄進し煉瓦作りのハー寺を建立した。

寺は西向き、「T字」型に建てられ、三宝は5間、後宮が3間である。三宝にある仏像は3体だけで、仏像が少ないのは上座部仏教の寺と思われる。後方には礼拝堂があり、両側に3間の供物の準備室がある。境内の隣には聖母を祀る祠がある。右側に荷亭があり、後方に住持を祀る塔がある。

寺はフランスとの抗戦（1947年）の際、大きな被害を受けた。仏像の多くは1950年に新しくつくられたものだが、徳聖像と観音菩薩像は古い。

荷寺は革命の遺跡でもある。日本の敗北が決定的になった1945年8月、ホーチミン（Hồ Chi Minh）を主席とするベトナム民族同盟（ベトミン）が政権奪取にむけて行動を開始した。ハー寺はハノイにおける民衆蜂起の重要拠点の1つなった。

ここ数年、三宝、聖母殿は再修復され、また新たな仏像もつくられた。境内は手入れが行き届き、参詣に来る多くの人々の目を和ませている。

第2章 ハノイの寺69撰

ハー寺：【上】三観門。【下左】三宝。【下右】寺の隣には前期李朝時代の英雄・趙志成を祀った祠も併設されている。

Hòa Mã 寺(和馬寺/漢字名・天光寺 Thiên Quang tự)

ホアマー寺はハノイ市二婆徴郡呉時任区(phương Ngô Thì Nhậm)馮刻寛通り(phố phương Khắc Khoan)3番にある。バスはフエ通り、チョホム市場より、徒歩5分。フーンカックコアン通り下車。

寺の縁起によると、寺は村の設立と同時に建立された。東向きで、祠の傍に建っている。

寺は「逆Tの字」型の建築様式で、前堂、三宝、後宮などからなる。前堂が5間、後宮が4間である。寺は何度も修復されている。毎年4月8日(陰暦・仏の生誕日)に祭りが行われる。

ホアマー寺:【左】阿弥陀如来像。【右】釈迦牟尼像。

ホアマー寺：【上左】ちょっとユーモラスなやぶにらみの護法像。【上右】九龍像と釈迦生誕像。【下】初めて葬儀に参加させてもらう。

ホアマー寺：亡くなった娘さんの供養にきた両親でしょうか。

Hòe Nhai 寺（槐街寺／漢字名・鴻福寺 Hồng Phúc tự）

ホエニャイ寺は、ふだんは漢字名の鴻福寺と呼ばれている。寺はハノイ市巴亭郡阮中直区（phường Nguyễn trung Trực）行炭通り（phố Hàng Than）19番地にある。バスは龍編より、徒歩5分。

寺の名前はもとの地名「槐街区」に由来する。寺の縁起によると、寺は李朝（1010～1225年）時代に建立され、その後たびたび修理・修復された。1703年に建てられた碑によると、1258年1月29日、この寺の近くで、襲来した元軍を迎え撃ったとの記録がある。

寺は2棟の礼拝堂、正殿、奉祖堂、前堂などからなる。前堂は1946年に増築され、上殿の中には、四霊、四季の季節の風景などが彫刻されたブックコンが多く飾られ、また漆を塗った上に金箔を貼ったクアヴォンは

見事だ。

　奉祖堂には始祖の像、聖母殿には聖母像がそれぞれガラスケースに収められている。像の総数は68体、像の素材は銅像、木製像、塑像などさまざまで、18世紀作が多い。また、1864年に鋳造された鐘、1734年に鋳造された高さ1m、幅1.5mの銅製の磬がある。

　庭には三重の塔があり、釈広徳（Thích Quảng Đức）師を祀ってある。師は1963年6月11日、当時の南ベトナムのゴ・ディン・ジエム政権が行っていた仏教弾圧に抗議して、サイゴン（現・ホーチミン市）のアメリカ大使館前で自らガソリンをかぶって焼身自殺した。

　寺には28基の碑があり、この碑によって、この寺がベトナム北部仏教の有力宗派である曹洞宗の本部あることを知ることができる。

ホエニャイ寺：【左】三宝。【右】神像。通常は陳興道だがこの寺では特に指名していないようだ。

ホエニャイ寺:【上左】聖賢像。もともと聖人には名前がないようだ。【上右】聖母殿。【下】地蔵菩薩を中心に壁には故人の写真が祀られている。

ホエニャイ寺：読経に励む若い僧たち。

Hưng Ký寺（興記寺／漢字名・興武禅庵 Hưng Võ Thiền Am）

フンキー寺はハノイ市二婆徴郡明開区（phố Minh Khai）明開通り38番にある。バスは明開通り、モー市場より徒歩10分。

宗派は浄土宗である。周辺に亭と聖母祠があり、陰暦1日と15日は、いつも沢山の参拝客が訪れている。

建立は1931年と新しい。寺の名前は、建設費をサイゴン出身の興記という人物が喜捨したので、その名に因んで名づけられた。1974年と1990年に小規模な修理が行われている。

約300平方㎡の敷地に、三観門、三宝、后碑記堂、礼拝堂、斎場などが配置されている。三宝は「逆Tの字」型、前堂は「土蔵造り」の形に

建てられている。

　前亭の屋根の天辺と軒下には極彩色の小さな陶磁器の像が飾りつけられている。尼僧が礼拝するための焼香堂は煉瓦で造られている。上殿の屋根の天辺にも極彩色の陶器が飾られている。本堂（前亭の内部）の中の細かい彫刻は、実に精妙で実に美しく、仏教に興味がなくても、この寺は一見の価値がある。

　本殿に入ると直に道が二又に分かれていて、2つの道には閻魔大王の洞窟があり、左側には徳翁像（儒教の神・陳興道）の祭壇がある。徳翁像の頭にトンボの羽根飾りがついているのが珍しい。

　右側には徳聖顕の祭壇がある。徳聖顕像（道教の聖賢）の顔はふっくらとしてやさしく、蓮の花の上に座る観世音菩薩をイメージさせる。寺の守護神は善像と悪像である。

　上殿には他の寺では見られないような仏像が安置されている。正面の木彫りの阿弥陀仏は高さ 3.2 m もある。脇を固める護法（善悪の守り神）の像も巨大である。

　上殿の四隅には、大勢至菩薩像、観世音菩薩像、千手観音像、観音総子像の 4 体の像がある。

　観世音菩薩像と大勢菩薩至像の 2 体は、高さ 2.4 m で蓮の上に坐り、帽子には 8 つの翼がある。顔の表情は優しいが威厳がある。中央には、蓮の花に坐る阿弥陀像が彫られている。

フンキー寺：【上】三観門。門額には古い漢字名「興武禅庵」とある。【下】この寺にはハノイの伝統工芸・バッチャン焼きによる陶板画、飾り物がいたるところに置かれている。写真は屋根の天辺に置かれた飾り。

フンキー寺:【上】十全閻魔大王が待機する地獄。反対側の壁面に対になる5体の閻魔大王像が安置されている。【下左】護法像。【下右】阿弥陀仏像。

Keo 寺(ケオ)(膠寺／漢字名・中厳寺 Trùng Nghiêm tự)

　ケオ寺はハノイの中心から東へ約20km、ハノイ市嘉林県(ザーラム)金山村(キムソン)(xã Kim Sơn)にある。バスは204番のバスで、ケオ寺下車。

　金山村は古くは膠村と言われ、水牛の皮を膠(にかわ)で煮詰める技術と漆塗りの技術にすぐれていた。伝説によると、ある時、類妻という所で、4体の像(法雲・PhapVan、法武・PhapVu、法雷・PhapLoi、法電・PhapDien)が彫刻された。ところが漆がうまく塗れない。各地から職人がやってきて何度か試みたが、漆は剥げて流れてしまう。そこで、膠村の職人にたのんだところ、今度は綺麗に塗る(るいろう)ことができたという。なお4体の像は、ベトナムに仏教・儒教・道教が入る以前、人びとが祀っていた農業神(雨神、雲神、稲光神、雷神)である。現在、この4神を祀っている寺は、この寺の他、数カ寺しか残っていない。

　僅かではあるが、17世紀の古い建物や像を見ることができる煉瓦作りの三観門は阮朝時代の大邸宅の門の様に堂々としている。上殿の4面の

ケオ寺：上殿正面。

屋根の隅の尖った部分は格調高いものがある。千手観音菩薩像は、17世紀の作品で注目に値する。また1616年（弘定16年）の石碑が保存されている。

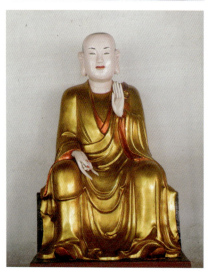

ケオ寺：【上左】三宝に安置されている仏像。【上右】雪山像。【下左・右】十八羅漢像の一部。

第 2 章　ハノイの寺 69 撰

ケオ寺：ケオ寺特有の塔。

Khương Hạ寺(姜下寺／漢字名・奉禄寺 Phụng Lộc tự)

クオンハ寺は禅宗竹林派の寺である。寺はハノイの中心から南へ約10 km、ハノイ市青春郡(quận Thanh Xuân) 姜庭区(Khương Đinh)姜下村にある。バスは05番にて、カウルー下車、徒歩3km。

言い伝えによると、寺は17世紀に建立された。その後、何度も大規模な修理が行われている。

寺は三観門、三宝、聖母殿、祠堂などからなる。前堂には、後期黎朝と阮朝初期の仏像が多く保存されており、どれも芸術的価値は高い。

クオンハ寺:修復中の三観門。

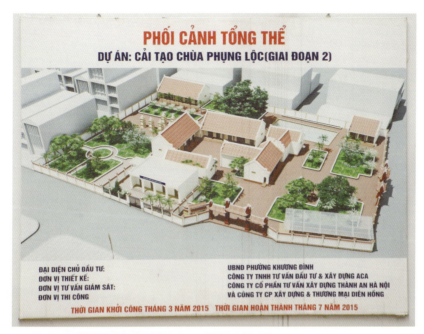

クオンハ寺：【上】全景の案内図。【下】三宝の最上部に安置されている三世像。

クオンハ寺:【左】代々の住職を祀る祖師堂。【右】観音像。

Khương Trung 寺（姜中寺）

クオンチュン寺はハノイ市棟多郡阮薦区（phường Nguyễn Trãi）姜中村にある。バスは05番でカウルー下車、そこから3km。

仏像は19世紀後期の作品が多い。他の寺に比べて蓮の花、雲と龍などのさまざまな装飾的彫刻が多く施されている。

寺と同じ敷地に姜中亭（đình）は同じ敷地に並んで建てられている。亭は災害時の避難場所や村の会議の集会所として使われている。

亭には文郎国時代の将軍が守護神として祀られている。ヴァンラン国とは、『越南史略』（Việt Nam Sử Lược）という史書によると、紀元前2897年〜紀元前258年、現在の北部紅河デルタ地帯にあった国家といわれている。ベトナムの人びとは、ヴァンラン国初代雄王の即位をベトナム国家の起源とみなし、「ベトナム5千年の歴史」を誇りにしている。

第 2 章　ハノイの寺 69 撰

クオンチュン寺：三観門。

クオンチュン寺:【上】寺と同じ敷地内にある亭(ディン)。【下】本堂。

Kim Giang寺(キム ザン)(金江寺／漢字名・延福寺 Diên Phúc tự)

　キムザン寺(現在はルー寺に改称)はハノイ市清池県(タインチ)大金区(ダイキム)(phường Đại Kim)の蘇歴江(トーリック)(sông Tô Lịch)に面した、広々とした場所にある。バスは05番。

　寺は三観門、三宝、礼拝堂、聖母殿、塔などからなる。煉瓦作りの三観門の建築年代は20世紀初頭と比較的遅い。そばにはガジュマルの老木がある。

　阮朝初期の建築である三宝は「逆Tの字形」で、庭より90cm高く建てられ、両側の石の欄干に彫られた華麗な龍の彫刻は三宝の荘厳な雰囲気を増幅させている。先堂は5間で、後殿は2間である。

　寺には、三世像、九龍釈迦像、地蔵菩薩像など芸術的に価値の高い53体の像が保存されている。また陽徳5年(1674年)に鋳造された銅製の丸い鐘がある。三宝の後方に聖母殿と神殿があり、三府像と陳興道像が安置されている。

キムザン寺：三観門。

キムザン寺：【上左】三観門の門額の漢字名は「延福寺」と変わらないのにベトナム語の看板は「ルー寺」になっている。村の名前が変わったためか。【上右】観音堂。【下】極楽、または仙人の住む桃源郷を描いた壁画。

第2章　ハノイの寺69撰

Kim Liên寺（金蓮寺／漢字名・黄安寺 Hoàng Ân tự）
キム　リエン

キムリエン寺はハノイ最大の湖・タイ湖（湖西）の東、ハノイ市西湖
ホータイ　　　　　　　　　　　　　　　　タイホ
郡広　安（xã Quảng Ân）宣蚕村（làng Nghi Tàm）にある。バスは33番、
クアンアン　　　　　　　　ギータム
スワンジエウ通り下車。

寺の縁起を彫った「大悲寺碑記」（Đại Bi tự bi kí）によると、この地に
はかつて李神宗帝（Ly Thần Tông・在位・1127〜1138年）の皇女・徐花
タントン
（Từ Hoa）の離宮があった。徐花は連れてきた官女とともに桑を植え、
蚕を飼い荘園を開いた。1443年、黎仁　宗時代、離宮の跡地に大悲寺とい
ニャントン
う名の寺が建立された。その後、寺は何度も修復され、1771年の改築で、
寺は金蓮寺と改名された。西山時代（1778〜1801年）に寺は大幅に拡張
タイソン
され、当時の建築がいまも残っている。

金蓮寺の建築は独特で、特に2層の三観門は目を見張るほど美しい。

キムリエン寺：【左】九龍像と釈迦生誕図。【右】三宝の仏像。

69

キムリエン寺：阿弥陀三尊中心の三宝。

Kim Sơn 寺（金山寺）

　キムソン寺はハノイ市巴亭郡西山通（phố Tây Sơn）り 223 番地にある。バス路線は多数あり、キムマー通り下車。万霊庵（Am Vạn Linh）、漕馬寺（chùa Tàu Mã）、金馬寺（chùa Kim mã）とも呼ばれる。

　李朝時代、この地域に刑場があった。処刑された人を悼むために、村人たちが小さな庵を建立した。この後、棟多の戦い（1788〜1789 年）の死者をここに埋葬した。棟多の戦いとは、西山朝と清朝の間で行われた戦闘で、ベトナム史上でもっとも偉大な勝利のひとつだといわれている。

　1831 年、村人は庵を修理して中に仏像と位牌を祀り、万霊庵を漕馬寺と改称した。さらに 1897 年、金山寺と改称された。1932 年に、寺は再び改築され、三宝と聖母を祀る祠と万霊祭壇が建立された。1953 年に三観門が建立された。またラオスから輸入された銅の仏像が一体ある。高さ 76,8cm、重さ約 30km で、台座にはラオス文字が一行、彫られている。

第2章　ハノイの寺69撰

キムソン寺：【上】三観門。門前の護法像の表情は珍しくあまりこわくない。【下】金馬通りに面した裏門。

Láng 寺（朗寺／漢字名・昭禅寺 Chiêu Thiền tự）

ラン寺はハノイ市棟多郡朗区（phương Láng）安朗村（làng Yên Láng）にある。バスは09番でラン通り下車。ハノイで一番大きくて美しい寺といわれている。

伝説によると、李朝第4代皇帝・李仁宗（Lý Nhân Tông、1066〜1127年／在位1072〜1127年）は子供がいなかったので、勅令を発して皇位継承の子供を捜した。弟の崇賢候にも子供はいなかったが、杜氏夫人が仏跡山にある仙福寺住職・徐道行（Từ Đạo Hạnh）禅師に、男子を授かる術を施してくれるよう依頼した。杜氏夫人は入浴中を徐道行に覗かれるとにわかに懐妊し、男子を生んだ。男子は仁宗の養子となり、後に李朝第5代皇帝・神宗（在位1128〜1138）として即位した。そのために、寺には仏像の他に、袈裟を着た徐道行と李神宗の像も祀られている。寺が建立されたのは神宗の息子、李英宗（1138〜1175年）の時代である。以後、現代にいたるまで何度も修理されている。

寺の規模は大きく、三観門が3間、八角形の階層が4間、前亭が1間、左右の供物準備室が共に9間、前堂が9間、渡り廊下が両側18間、後宮と中宮が7間、祠堂が5間、後殿が9間、奥の院が10間、客室が7間（台所はなし）である。

境内は広く、俗界と禅界を煉瓦の塀で分けている。建物と庭の緑が調和して、深遠な雰囲気を醸しだしている。

寺には198体の大小の像、15の石碑、歴代の朝廷から封爵された23通のサックフォンがある。また1740年に鋳造された鐘と1738年に鋳造された大きな磬がある。

寺は革命遺跡でもある。1940〜1945年、独立運動を展開している青年たちの集会拠点となり、ホーチミン主席も訪れたことがある。

第2章　ハノイの寺69撰

ラン寺：【上】三観門。【下】六角堂。

ラン寺:【上左】多数の仏像を配した冥府。【上右上】「昭禅寺」の扁額。【上右下】「李朝聖帝」の扁額。この寺は李朝との関係が深い。【下】回廊に安置されている羅漢像。

Liên Phái 寺(蓮派寺/漢字名・蓮尊寺 Liên Tôn tự)
　　　リエン　ファイ

　リエンファイ寺はハノイ市二婆徴郡白梅(Bạch Mai)通りの蓮派小
　　　　　　　　　　　　　ハイバーチュン　バックマイ
路と大瞿越の交差点を明開の交差点へ向かって約500m、右に入ったところにある。バスは08番、52番で白梅通り下車。

　建立された当時は、蓮花寺(chùa Liên Hoa)という名であったが、1733
　　　　　　　　　　リエンホア
年に蓮尊寺(chùa Liên Tôn)に、1840年に現在の名に変った。その後、
　リエントン
何度かの修理・修復があり、1855年に礼拝堂と祭壇、供物の準備室、仏像が塗装された。さらに1869年に鐘楼が加えられ、周囲の塀が大規模に構築された。

　寺には六角形で高さ10階建て相当の調光塔がある。古代様式の洗練された、精巧な建築である。また、寺の歴史と毎回の修復が記された石碑

リエンファイ寺：三観門。

が34基ある。

　広い庭を過ぎると礼拝堂と三宝（仏法僧）の仏を祀る場所に着く。三宝を過ぎて小さな庭を行くと祠堂がある。

　寺の後ろに四角い塔があり、土盛りされた高い丘の上に9つの塔が3列になって建立されている。列の真ん中に造られた九生塔がある。この塔は伝説によると、始祖の麟覚曹長を祀ってある。その他に、寺には11階建てのとても綺麗な塔があり、1890年に建立されたものである。

リエンファイ寺：【上】准胝観音像。【下】三宝。

第2章　ハノイの寺69撰

リエンファイ寺：11階建ての塔。

リエンファイ寺：聖母殿。道教の三府（天の聖母、地の聖母，水の聖母）を祀ってある。

Ling Quang 寺（霊光寺）
   リン　　クアン

　リンクアン寺はハノイの中心から東へ約20km、嘉林県庭川区
　　　　　　　　　　　　　　　　　　　　　　ザーラム　ディンスワン
（phường Đình Xuyên）公庭村（thôn Công Đình）にある。
　　　　　　　　　　　　コンディン

　三宝、祠堂、聖母殿などが小さな川のほとりの広々とした敷地に建てられている。仏殿の配置は特に変わったところはないが、三世像、阿弥陀像など約40体の像の美しさはすべて傑出している。特に17世紀に作られた准胝観音の12本の手は、無限の法力を表現し、見る者を感動させる。他に1824年に鋳造された銅鐘と1746年に彫られた后碑記が保存されている。
　　じゅんてい

リンクアン寺：【上】三宝に安置されている大きな仏像。【下】寺の2階にあるソンチャン洞。聖母が祀られている。

Ling Ứng 寺(霊応寺)
_{リン　ウン}

　リンウン寺はハノイの中心から西南へ約17km、清池県左 清 威 区(Tả Thanh Oai) 超 群 村(thôn Siêu Quần)にある。国道1号線を南へ下り、文典(Văn Điển)街を通過、右に曲がって蚫橋(cầu Bươu)を渡り、鋭川沿いの細い道を右へいった先にある。傍らに超群祠がある。

　寺は三観門、上殿、前堂などからなり、前堂は5間、上殿は3間である。美術的に価値の高い仏像が多く安置されている。

リンウン寺：三観門

Ling Ứng 寺（霊応寺）
リン ウン

　リンウン寺は、ハノイ市棟多郡寿官区（phường Thổ Quan）290番、欽天通（đường Khâm Thiên）に面している。

　寺は19世紀に建立され、仏の他に陳朝時代、元軍の侵攻を撃退した英雄・陳興道（Trần hưng Đạo、1232～1300年）を祀っている。

　ベトナム戦争中の1972年12月26日、B52に爆撃され、大きな被害を受けたが、1973年末には復興した。近年、仏殿、聖母殿、祠堂の基礎の大修理が行われた。

　阿弥陀仏、阿弥陀三尊、九龍像など美術的に優れた仏像も多く、聖母殿と祠堂には3体の聖母像、第七皇子像、第十皇子像などが安置されている。

　寺には黎朝時代の本格的な芸術作品である仏像が多く祀られている。仏の他に、明空禅師、覚海、徐道行、徐道行の両親などの人神も祀っているところに、この町の人々の信仰の在り方を象徴している。

リンウン寺：新しく生まれ変わった阿弥陀像。

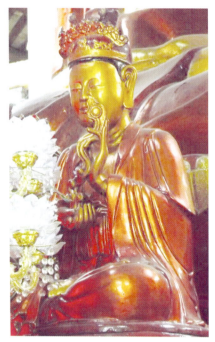 

リンウン寺:【左】大勢至菩薩像。【右】観音菩薩像。

Lý Quốc Sư寺(李国師寺)

　リクォックスー寺はハノイ市のハノイ大教会に近い、還剣郡李国師通り50番にある。ホアンキエム湖から徒歩で8分、周囲は民家が密集しており、境内は狭い。商店街の中にあり、周辺には欧米人が宿泊するミニホテルが多い。

　史書によると、寺は1131年、皇帝・李神宗(Lý Thần Tông、1116〜1138年)の命により、僧の修行場として建てられた。当初は宝天寺と呼ばれたが、のちに李国師寺と改称されたのには、次のような言い伝えがある。あるとき李神宗帝は、全身に虎そっくりの毛が生え、うなり声を上げる奇病にかかった。それを治したのが、宝天寺の僧・明空禅師で、

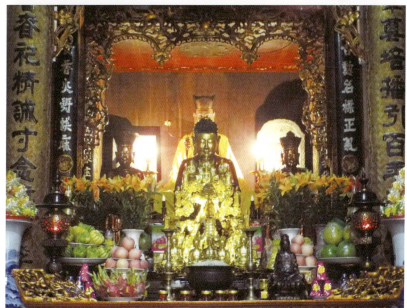

リクォックスー寺：【上】三観門。【下】阿弥陀像の後ろに李国師像が安置されている。

リクォックスー寺：【上】聖母殿。【下】ソンチャン。聖母を祀る。

禅師はその功により、朝廷から国師（Quốc Sư）の名を賜り、寺もその名で呼ばれるようになった。寺は抗仏戦争最中の1946年、仏軍によって破壊されたが、1954年に修復され、現在に至っている。

Một Cột 寺（一柱寺）
　　　モット　コット

　モットコット寺の正式な名称は延祐寺（chùa Diên Hựu）だが、寺の池に一本柱の楼閣があることから俗に一柱寺と呼ばれている。寺はハノイ市巴 亭郡 一 柱 寺通り、ホーチミン主席陵に隣接している。バスは9番。
　　バーディン　モットコット

『大越史記全書』によると、寺は李朝第2代皇帝・李 太 宗（Lý Thái Tông）時代の1049年に建立された。あるとき、李太宗帝は観音菩薩に手を取られ、蓮華台の上に連れて行かれる夢を見た。その夢の話を聞いた天 歳（Thiên Tuế）という僧が王に寺を建てるように進言した。そこで湖の中央に石の柱を立てて蓮華台をつくり、その中に帝が夢で見たような観音菩薩を祀り、寺の名前を帝の長生を願って「延祐寺」と名づけた。
　　　　　　　　　　　　　　　　　　　　　　　　　　ティントゥエ

　寺の縁起については、もう1つの説がある。1655年、黎悉達（Lê Tất Đạt）という僧が記した碑文によると、中国・唐の時代の初期、この地の湖に一本の柱に支えられた蓮華台があり、観音像が祀られていた。約1世紀半後、李朝はここへ都を開いた。第3代皇帝・李聖宗（Lý Thánh Tông）は跡継ぎに恵まれなかったので、この蓮華台をたびたび訪れ皇子誕生を祈願した。ある夜、帝の夢に赤ん坊を抱いた観音が現れた。その月、妃が皇子をみごもった。帝はそのお礼に延祐寺を建立したという。2説とも帝が観音像の夢を見ることは共通している。
　　　　　　　　　　　　　　　　レータッ

　李 仁 宗帝（Lý Nhân Tông、在位・1072～1127年）時代の1080年に、帝は「覚醒鐘」（人を目覚めさせる鐘）を鋳造した。ところが、この鐘は重すぎて吊るすことができず、畑に置かれたままになっていたが、そこから多くの亀が生まれたので、その鐘は「亀殿の鐘」と呼ばれた。明軍
　リ　ニャントン

との戦いの際、この鐘は武器にするため壊されてしまった。

　寺は創建以来、なんども修理・改築を繰り返している。特に1249年には寺全体の大規模な修理が行われたようである。抗仏戦争時の1954年、ハノイを撤退するフランス軍が敷設した地雷が爆発し、寺は大被害を受けた。その後、文化省により、阮朝時代の古い様式に従って復元された。

　蓮華台の床は各辺が長さ3mで、石柱は水面から4m出ており、2つの石塊を1つの石のように巧みに合せている。この寺の特徴は、一本柱の蓮華台が象徴しているように、創造の大胆さと詩情豊かなロマンが結びついているところである。

モットコット寺：三観門。

第2章 ハノイの寺69撰

モットコット寺:【上】本堂の中のきらびやかな三宝。【下左】蓮華台。【下右】儒教の神・陳興道を祀る。

モットコット寺：聖母殿。

Nam Dụ Hạ 寺（南余下寺／漢字名・天福寺 Thiên Phúc tự）

ナムズーハ寺はハノイの中心から国道1号線を南へ約20km、ハノイ郊外の清池県陳富区（phường Trần Phú）にある。バスは04番、嶺南通り下車。

寺の規模はかなり大きく、三観門、本堂、その両側に渡り廊下、聖母殿、祠堂が配置されている。三観門は煉瓦造りで、正面には鐘楼があり、屋根には蓮の花の蕾、桃の花、ゲー（獅子の子ども、日本の狛犬に相当する）、龍など多彩な塑像が置かれている。寺の姿はどれも古典的で美しい。

仏殿は「Tの字」型で土蔵造り、礼拝堂は3間、後宮は2間である。礼拝堂は、高さ5mの四角い木の柱で造られている。仏殿の後方に聖母殿と奉祖堂がある。

第 2 章　ハノイの寺 69 撰

ナムズーハ寺:【上】三観門。門額は漢字で「天福寺」とある。【下】三宝の両側に安置されている十八羅漢像。

　寺には 18 〜 19 世紀に作られた 52 体の仏像がある。その他に、4 体の祖先の像、3 体の聖母像、13 枚のホアインフイ（多くが四文字の額）、6 対の対句、6 基の石碑、数多くの陶磁器がある。

89

ナムズーハ寺：【上】上段に三聖母、以下、玉皇上帝、南曹と北斗、五官吏の順に並ぶ。【下左】護法（善像）。【下右】護法（悪像）。

Nam Dụ Thượng寺(南余上寺／漢字・厳勝寺 Nghiêm Thắng tự)
ナムズートゥオン

ナムズートゥオン寺はハノイの中心から南へ20km、紅河の右岸、嶺南(リンナム)区（phường Lĩnh nam）南余上村にある。バスは04番、嶺南通り下車。

寺には仏と村に功績のあった2人の夫人を祀っている。ひとりは正宮阮氏玉秀(グエンティゴックトゥ)（Nguyễn Thị Ngọc Tú）で、紅河の堤防を修復するために私財を投じて労働者を雇い入れ、200畝も広い土地を生み出した。そして1622年、ここに寺を建立した。

寺は西南向きで三観門、正殿、聖母殿、後宮、奉祖堂などからなる。

寺には40体以上の像が安置されてお、その他、各種の古物が保存されている。また1628年（永祚10年）に建てられた石碑がある。

ナムズートゥオン寺：三観門。

ナムズートゥオン寺:【上】きらびやかな千手観音像など三宝に祀られている仏像。【下】通用門横に立つ阿弥陀三尊像。

第2章　ハノイの寺69撰

ナムズートゥオン寺：【上・下】十全閻魔大王像。

Nam Đông 寺（南同寺／漢字名・乾安寺 Cân An tự）

　ナムドン寺は乾安寺とも呼ばれ、ハノイ市棟多郡南同区にある。バスは02、25、41、49番、トンドックタン通り下車。

　1621年の碑によると、寺は1612年に建立された。また1698年の碑に上殿、前堂などが修復されたと記されている。

　仏殿で特に注目に値するのは、肉体美豊かな三世像である阿弥陀が座る。蓮華台に刻まれている菊や蓮の緻密な文様も格調が高い。満開の菊の台座に立つ脇侍の観音像と大勢至像は穏やかな笑みを湛え、見るものを和ませる。その他、寺には漆の上に金箔を貼った1台の神輿がある。

ナムドン寺：【上左】寺の入り口。【上右】銅鐘。【下左】三観門の飾り。上から鳳凰、魔除けの虎符、龍の像。【下右】三宝に立つ釈迦生誕像。

Nền寺 (漢字名・Dan Co tu、誕基寺)

ネン寺はハノイ市棟多郡朗上区(phương Láng Thượng)、処交差点から紙橋へ向かって朗通りを走ること500mのところにある。

寺は誕基寺(chùa Đản Cơ)とか、古山寺(chùa Cổ Sơn)とも呼ばれている。もとは徐道行(Từ Đạo Hạnh)禅師の両親を祀る祠であった。徐道行が李仁宗帝の皇子の誕生の時に手助けしたことで高名になり、祠は寺に昇格した。

前堂と上殿は「Tの字」型に建てられ、後方に奉祖堂と聖母殿と広い庭がある。奉祖堂にはホーフーや格調高い花葉の彫刻が彫られている。仏像の他に徐道行の像と両親の像が保存されている。

ネン寺:三観門。

ネン寺:【上】本堂。屋根の扁額は「誕基寺」とある。【下】釈迦生誕像と九龍像。

第 2 章　ハノイの寺 69 撰

ネン寺：先代住職を祀る墓塔。

Ngọc Hồ 寺（玉湖寺／漢字名・玉壺祠、呉夫人寺）

　ゴックホー寺はハノイ市棟多郡文廟区にある。ハイバーチュン通りから南門を抜け、阮勧通りを進み、文廟へ出る手前右側にある。周辺には文廟の他に仙福寺、普覚寺、光明寺など寺が多い。バスは 38 番、文廟下車、徒歩 3 分。

　寺は三観門、鐘楼、庭、三宝（前堂と後宮を含む）、祠堂、聖母殿からなり、美術的にも歴史的にも価値の高い像が 39 体保存されている。仏像としては、三世像、阿弥陀三尊像、千手観音像、雪山像、弥勒菩薩像、九龍像、閻魔大王像など。人神像として、黎聖宗像、呉夫人像、陳興道像などがある。黎聖宗（在位 1649〜1662 年）と呉夫人はともにベトナム民族の歴史の中で多くの功績を残した人物として祀られ、この寺の俗称を呉夫人寺というのもそこからきている。

ゴックホー寺：三観門。

ゴックホー寺：【上】聖賢像。【下】三宝に安置されている仏像。

Ngọc Quan 寺（玉観寺）

　ゴッククアン寺は骨寺（chùa Cót）とも呼ばれ、ハノイ市紙橋郡安和区（phuông Yên Hòa）下安決村（thôn Hạ Yên Quyết）にある。

　寺は黎朝中興時に建立された。西山朝時代に銅鐘が鋳造された。三観門、三宝、「Tの字」形に建てられ前堂と後宮がある。仏像としては帝釈天像、釈迦九龍像、南海観音像、勢至観音像、迦葉像、三世像、護法像などが保存されている。その他、1642年の石碑、香炉、陶磁器、線香立て、花瓶などがある。

Ngũ Xã寺（五社寺／漢字名・神光寺 Thần Quang tự）

　グーサー寺はハノイ市巴亭郡竹白区（phường Trúc Bạch）五社通り44番地にある。バス停「五社市場」より徒歩10分。

　かつて五社村には銅製品を鋳造する多くの職人たち住み、首都・昇龍に銅製品を供給していた。職人たちは、まず自分たちの祖先を祀る亭を建てた。その後、亭の後ろに仏を祀る寺を建立した。最初の寺は火事で焼けてしまったが、地域の人々の浄財によって1951年、新しく建て直された。

　寺は三観門、正殿、奉祖堂なとからなる。正殿の中央には1950〜1952年に鋳造され高さ3.95mの阿弥陀仏の座像が安置されている。

　ベトナムの寺にしては珍しく仏像は本尊のこの1体だけである。その堂々たる風格は、この村の鋳造職人の技術のレベルの高さをうかがわせる。本尊の両脇の壁には、本来阿弥陀如来像の両脇に控えるべき脇侍・観世音菩薩像と大勢至菩薩観音像の代わりに、観音菩薩と大勢至菩薩の素晴らしい大きな絵画が壁に掛けられている。また16基の石碑も保存され

第2章　ハノイの寺69撰

ゴッククアン寺：【上】前に湖を控えた三観門。【下】般若心経の全文字が書かれた壁。

グーサー寺:【上左】三宝の阿弥陀如来像【上右】壁に描かれた大勢至菩薩【下】聖母殿。

ている。

Nhổn寺（漢字名・乾福寺 Càn Phúc tự）

ニョン寺はハノイ市慈廉県春芳区（phường Xuân Phương）のニョン市場の近くにある。バスは20、29、32番で工業大学前下車、徒歩10分。

寺は前堂、上殿、奉祖堂、後宮などからなり、前堂が5間、上殿が3間で前堂とは連絡している。建物の主要部分は木造で、簡素な花葉が彫刻されている。仏像の数はかなり多いが、表情、姿勢などに統一性が保たれている。特に蓮華座に座った阿弥陀三尊像、華厳三聖像などは注目に値する。木馬や銅鐘など貴重な祭祀用具も豊富である。

Phổ Giác 寺（普覚寺）

フォーザック寺は、ハノイ市棟多郡文廟区（phường Văn Miếu）にある。バス停「文廟」下車、徒歩10分。文廟の正面を向かって左に国子監通りを約30m進み、呉志蓮通りに入り、そのまま進むと左側にある。

この寺はまた走寺（chùa Tàu）とも呼ばれ、それは次のような故事からきている。後黎朝第6代皇帝・黎憲宗（1461〜-1504年）時代、1頭の象が小屋から逃げ出し、村人を震えあがらせた。そこへ藩景蝶（Phan Cảnh Điệp）という男が現れ、象の背中に飛び乗って、見事に暴れ象を取り押さえた。彼はその功績により、軍の長に取り立てられた。その後、象に乗って数々の軍功を挙げ、その功績で郡候に封じられた。

寺には正殿、聖母殿、祠堂に37体の像、13基の石碑、3つの銅鐘、30対の対句、位牌、厨子、供物台など貴重なものがたくさんある。三観門はハノイで唯一の石造りで、大変珍しい。本堂の脇には郡候の像が祀られている。1770年に建てられた石碑には、郡候の業績、戦争における象の

ニョン寺：【上】三観門。【下左】護法の悪像。【下右】護法の善像。

第2章　ハノイの寺69撰

フォーザック寺：【上】ハノイでは珍しい岩造りの三観門。【下】三宝。

役割などが記されており、興味深い。

Phùng Khoang 寺（馮光寺／漢字名・青春寺 Thanh Xuân tu）
　　　フン　　　コアン

　フンコアン寺はハノイ市青春郡中文区（phường Trung Văn）にある。グエンチャイ通り、バス停「クオントゥオン市場」下車、徒歩5分。
　1887年と1944年に彫られた2つの碑によると、昔、阮玉芽（Nguyễn Ngọc Nha）という名の皇女が、仏を祀るために路辺に寺を建立したのが始まりであるという。皇女を偲んで毎年1月28日、寺市と呼ばれる市が立つ。また、1692年に建てられた石碑には、「仏はいつもはるか南の空から、私たちを見守っておられる」という意味の言葉が刻まれている。
　建物は三観門（3間）、正堂（5間）、礼拝堂（5間）、鐘楼、三宝、奉祖堂、客室、聖母殿、後宮などからなり、全て瓦葺きで周囲は垣根で囲まれている。それぞれの建物に24体の仏像、聖母像、皇女像が安置されており、19世紀を象徴する芸術性の高い作品が多い。その他、6基の石碑、3つの鐘が保存されている。

Phụng Thánh 寺（奉聖寺）
　　　フン　　タイン

　フンタイン寺はハノイ市棟多郡中奉区（phương Trung Phụng）欽天通（phố Khâm thiên）貢白街（ngõ Cống Trắng）にある。カムテイエン通り、日航ホテルより徒歩10分
　昔、この地は奉聖村といった。伝説によると、12世紀はじめ、李朝の末期、ひとりの美しい皇女がこの村のためにいろいろ尽くしてくれた。あるとき、近くの湖で舟遊びをしているとき嵐に遭い、溺れて亡くなった。村人は皇女を偲ぶために、湖のほとりに皇女を祀る廟を建てた。それが奉聖寺の前身である。

フンコアン寺：【上左】三宝。【上右】大きな釈迦如来像。【下】ソンチャンの洞窟。

その後、西山時代の「棟多(ドンダー)の戦い」（1789年）の戦場になるなど戦火に見舞われ、一時は廃寺となったが、阮朝時代の1855年、1865年、寺は修復された。1972年12月26日の深夜、アメリカのB52に爆撃され、本堂が破壊された。しかし、翌1973年には、住職・段英により、寺はいまの形に再建された。

周辺は民家がたて込んでいて寺の入り口はちょっと捜しづらいが、門をくぐると広々とした平坦な敷地に、三観門、本堂、後宮、奉祖堂、大きな白衣観音が安置されている観音堂、聖母殿など極楽のような風景が展開する。寺の周囲は民家に占拠されており、三観門からは出入りできない。本堂には29体の仏像が祀られ、古い像は阮朝時代のもので芸術的な価値は高い。ほかに2つの銅鐘、陶磁器、漆に金箔の貼られた対句、それに石碑がある。

Quán Sứ(クアン スー) 寺（館使寺）

クアンスー寺ハノイ市還剣郡館(ホアンキエム)使(クアンスー)通り73番地にある。館使(クアンスー)通り、ハノイ駅より徒歩10分。

陳祐宗帝（Trần Dụ Tông、1341～1369年）の頃、このあたりは各国の使者を迎えるための朝廷の公館があった。使者が仏教の儀式ができるように公館の側に寺を建立した。そのために寺は館使寺と名づけられた。その後、公館は廃止されたが、寺は残された。

寺は前堂に仏を祀り、後宮に李朝の高僧・空露(コンロ)（Không Lộ）禅師を祀っている。他に12基の石碑がある。

1934年、寺は北部仏教会に買い取られ、会館として使用された。この時、現在見るような寺に修復された。その後、1958年にベトナム統一仏教会が成立した際、寺の管理は同教会に移り、住職が置かれた。

この寺はいつも参拝者が多い。

第2章　ハノイの寺69撰

フンタイン寺：【上】三観門。【下】本堂で読経する尼僧。

クアンスー寺:【上】三観門を潜った境内。【下】本堂はかなり広い。供物を備えてある場所が三宝。

Quang Minh 寺(光明寺)

　クアンミン寺はハノイ市棟多郡文廟区(phường Văn Miếu)224通り13番地にある。3つの碑によると、寺は以前別な場所にあったのを、1908年に現在の地に移転したとある。

　三観門は煉瓦で造られ、前堂と三宝は「Tの字」形にで連結しており、その両側に聖母殿と祠堂がある。異色なのは、三観門の両側の部屋が居住区になっていることである。現在、3世帯ずつ住んでいる。建物は全般的に簡素に造ちれている。

　三観門を入るとすぐ脇に民家があり、庭先で煮炊きしていたりして、寺の境内の雰囲気はまるでないが、一歩本堂へ入ると、眩いばかりの立派な仏像が安置されているのに驚かされる。これらの仏像は美術的にも

クアンミン寺：三観門。

 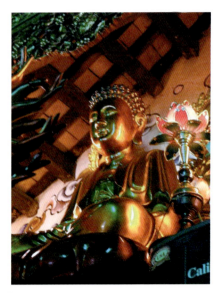

クアンミン寺:【左・右】阿弥陀三尊像。

優れた仏像がく、特に黎朝中興期に作られた阿弥陀三尊像は注目に価する。他の像は阮朝時代の作品である。他に厨子、13 基の碑がある。

Sở 寺(処寺／漢字名・福慶寺 Phúc Khánh tự)

ソー寺はハノイ市棟多郡 盛 光区(phường Thịnh Quang)にある。バスはガツソー交差点より、徒歩 5 分。

伝説によると、寺は陳朝時代末期、昇龍城を拡張した際に建立された。黎朝初期には僧たちが修行したり、村人に仏の教えを広めたりするための教育の場所として使われた。

その後、戦禍に遇って壊滅的な打撃を受けたこともあるが、村人が協力して再建したという。

三宝は前堂と後宮が「逆 T の字」型に配置されている。 前堂は 5 間の「土蔵造り」、後宮は 3 間、奉祖堂は 4 間である。

第2章　ハノイの寺69撰

ソー寺：【上】歴史的価値の高い方亭。なかには千手観音像が安置されている。【下】故人を祀る部屋。

注目に値するのは、西山朝時代に鋳造された鐘が保存されていることである。

　仏像は20体以上あり、これらも西山朝時代に作られたものが多く、ベトナムの歴史的文化遺産として価値が高い。他にも石碑、祭祀用具など貴重なものが多く保存されている。

Tào Sâch 寺（曹索寺）
（タオ　サック）

　タオサック寺は、ハノイ市西湖郡日新区(タイボー　ニャッタン)(phường Nhat Tan)にある。バスは33、55、58番、ラックロンクアン通り下車。

　寺の門額には、「字喃」(チュノム＝ベトナム語を表記するために漢字を応用して作られた文字。ベトナム漢字）で「南村寺」と書かれている。

タオサック寺：鐘楼をもつ三観門。

第2章　ハノイの寺69撰

タオサック寺:【上】仙界を表す石像【下左】観音菩薩像。【下右】聖母殿。

タオサック寺：【下左】千手観音像。【下右】地蔵菩薩像。

　草堂禅派の寺である。正確な建立時期は不明だが、記念祭壇にある対句に彫られた文字によると、前黎朝時代のもののようである。

　三観門、前堂、三宝、記念祭壇、聖母殿、奉祖堂などからなる。1927年に造られた記念祭壇は2階層になっている。聖母殿と奉祖堂は「土蔵造り」の簡素な建物である。

　寺には数は多くはないが、芸術的に価値の高い仏像と聖母像が保存されている。中でも、18世紀末期に製作された三世像は見事である。石碑は29基と多く、一番古いものは景興年代（1740〜1786年）のものがある。

Thái Cam 寺（泰柑寺／漢字名・新開霊寺 Tân Khai Linh tự）

　ターイカム寺はハノイ市還剣郡行布区（Hàng Bồ）行布街（phố Hàng Vải）44番地にある。ホアンキエム湖より徒歩15分。

第2章　ハノイの寺69撰

ターイカム寺：【上左】三宝。【上右】ソンチャン洞窟。【下】四朝を祀る（四府）。

寺の石碑には、1845年に建立されたとあるが、1822年に泰柑亭と同時に建立されたという説もある。その後、寺は何度も修復されている。前堂と後宮がある。仏像の数は多い。他に陳興道の像を祀ってある。

Thánh Chúa寺（聖主寺）
タイン　チュア

タインチュア寺はハノイ市紙橋郡駅望区（phương Dịch Vọng）后村にある。ハノイの中心から西へ約7km、西山へ行く道（32号線）を進み、スアントウイ通りにある。尼寺で聖寺（chùaThánh）とか聖主寺とか呼ばれている。寺は国立外国語大学と国立師範大学のキャンパスの中にある。無論、先に寺ありき。広い敷地の中に、果樹園や花畑もあり、供物用の花や果物は自給自足できている。

タインチュア寺：三観門。

タインチュア寺:【上】本堂の間口は7間と大きな寺である。【下】八部金剛像と向こう側は十全閻魔大王。

タインチュア寺：【左】倚襤妃を祀る祭壇。【右】倚襤妃像

『大越史記全集』（Đại Việt sử kí）によると、寺は李聖宗（在位・1022〜1072年）の時代に創立されたとある。1064年、李聖宗帝40歳の春、世継ぎの皇子がいなかったので、この寺で世継ぎを授かるよう祈願する式を行うように命じた。その後、倚蘭（イーラン）夫人は身籠り、乾徳皇子（後の李仁宗帝）を出産した。

三観門は2階層の煉瓦づくりで、階上には鐘と磬が吊り下げられている。建物は「Tの字」型で、前堂が7間の「土蔵造り」である。

仏像は77体ある。大きな木像、土を焼いた像など材質、形も多彩で、時代も17世紀に製作された本格的なものが多い。祭祀用具も石碑、銅鐘など17〜20世紀にかけて製作された貴重なものが多い。

Thiên Niên（テンネン）寺（千年寺／漢字名・摘豺寺 Trích Sài tur）

テンネン寺はハノイ市西湖郡柚区（タイホー）（ブオイ）（phường Bưởi）摘豺（ティックサイ）村（thôn Trích

Sài）にある。バスは 25、55 番、ラックロンクアン通り下車。

　伝説によると、寺は前李朝時代（544 〜 602 年）に、2 人の皇女を奉祀するために建立された。黎聖宗帝（在位・1460 〜 1497 年）時代、摘剗村の広い土地に千年荘園いう名の荘園があり、側室が収益を享受していた。その地に廟と祠も建立された。その時、寺も千年寺という名になった。黎朝時代の末期、陀国公という高位の役人が荒れた寺を修復し、田圃を寄進した。また 1893 年には、村人が新たに僧侶を招き、寺を拡張した。仏像は塗りなおされ、銅鐘が再び鋳造された。

　寺は三観門、三宝、聖母殿、奉祖堂、鐘楼、台所、庭、畑などからなる。前堂は 5 間の「土蔵造り」で、棟にはホーフー（魔除け）、龍や花の彫刻が施されている。

　貴重な文化遺産の数は多い。18 〜 20 世紀に作られた 34 体の像、厨子、

テンネン寺：三観門。

テンネン寺：【左】三宝。【右】聖母殿に祀られている玉皇上帝（中央）、前は第十皇子。

5脚のガーイ、銅鐘、銅製の香炉、7基の石碑などである。石碑は1709年に建てられた古いものもある。

　テンネン寺の約200メートル先に萬年寺がある。その寺が所蔵するインドの神々の数十枚のの版画はすばらしいので、足を伸ばすことをお勧めする。

Thiên Phúc 寺（天福寺）
（ティエン　フック）

　ティエンフック寺はハノイ市還剣郡南門区（ホアンキエム）（クアナム）（phường Cửa Nam）二徴夫人通り94番地にある。バスはハイバーチュン通り、クアナム下車、徒歩5分。安中寺（chùa An Trung）とも、西句寺（chùa Tây Cú）とも呼ばれている。
（ハイバーチュン）（アンチュン）（ターイクー）

　いくつかの史料によると、寺は李国師（李朝時代の高僧・1065〜1141）
（リコックスー）

によって建立された。

　三観門はハイバーチュン通りに面し、門を入ると煉瓦敷きの小さな庭に続いて本堂があり、その両側には供物準備室と聖母殿がある。本堂の屋根の上には、月を中心に向かい合う2匹の龍の像が置かれている。庭には神を祀る祠が3棟建てられている。本堂は5間で前堂と後宮と「Tの字」型に配置されている。

　三宝には仏像と神像が整然と分けて安置されている。聖母殿には聖母と侍女と若者の像が安置されている。各像は漆の上に金箔が貼られ、実に精巧かつ華美である。最近はどこの寺も仏像の数が増えてきて三宝が2カ所というところも珍しくない。

ティエンフック寺：【上】三宝。【下左】ベトナム語による門額。【下右】ここで信徒が毎週集まって読経をする。

ティエンフック寺：いろいろな観音像が祀られている部屋。

Thiền Quang 寺（禅光寺）・Quang Hoa 寺（光花寺） ・Hoa Pháp 寺（法花寺）

3カ寺とも禅光湖（寺）のほとり、ハノイ市二婆徴郡阮攸区（phường Nguyễn Du）にある。日航ホテルから徒歩5分。3軒の寺が背中合わせに接しているという例は、ハノイでは珍しい。普通、各村に1カ寺だが、ここは3つの村が接しているからである。

クアンホア寺は南向きで、三観門、三宝が「逆Tの字」型に建てられている。前堂は7間、後宮が5間、奉祖堂は10間、庭には搭がある。

ティエンクアン寺はクアンホア寺の西側にある。三宝は5間、後宮は

第 2 章　ハノイの寺 69 撰

クアンホア寺：【上】三観門。【下左】三宝。ホアファップ寺：【下右】三観門の 2 階にある鐘楼。

3間、両側に客室と台所がある。後に聖母殿と休憩所があり、庭には小さいが2基の搭がある。

　ホアファップ寺はティエンクアン寺の後方にある。前堂が3間、上殿が3間、配置は「逆Tの字」型で、寺は小さい。

　各寺とも、19世紀に製作された歴史的にも美術的にも価値の高い仏像と祭祀用具を多く保存している。

Thúy Lĩnh 寺（翠嶺寺／漢字名・延慶寺 Diên Khánh tự）

　トゥイリン寺はハノイの中心から約15km南、黄梅郡嶺南区（phường Lĩnh Nam）翠嶺村にある。嶺南通り、ナムズハにて下車、徒歩15分。寺名は村名に由来する。

　本堂は「Tの字」型の建築様式、前堂が5間の「土蔵造り」である。2階の屋根の先端は鋭く反り上がっている。梁には四季、四霊の彫刻が施されている。上殿は5間で、その中央は前堂と繋がっている。漆塗りの上に金箔の貼られたクアヴォンは華麗である。奉祖堂、聖母殿の両側に渡り廊下がある。

　寺には、32体の仏像が保存され、どれも19世紀の見事な芸術作品といえる。他に銅鐘、武器、陶磁器などの多くの祭祀用具が保存されている。

Tiên Phúc寺（仙福寺）

　ティンフック寺はニャイン（Bà Nhành）夫人寺とも呼ばれ、ハノイ市棟多郡文廟街（phố Văn Miếu）24番地にある。文廟より、徒歩5分。

　1076年、ハノイにも中国にならって文廟（別名・孔子廟）が、またその中に国子監（Quốc Tử Giám）が設立された。国子監とは貴族の子弟を教育する機関で、ベトナム最初の大学といわれる。

第 2 章　ハノイの寺 69 撰

トゥイリン寺：【上】三観門。【下】三宝。

　黎朝の初期（15世紀）、ニャインという名の老夫人が、その国子監の生徒に水を売るために店を開いていた。寺はその店の跡に建てられた。寺には仏像の他にニャイン夫人を祀っている。この寺を含めて、文廟・国子監一帯は貴重な文化遺産となっている。

　ティンフック寺の通用門は三観門より立派である。

ティンフック寺：【上】ニャイン夫人像。【下】通用門。

ティンフック寺：三宝。

Trần Quốc 寺（鎮国寺）
　　チャン　クォック

　チャンクォック寺はハノイ市西湖郡安附区（phương Yên Phụ）、西湖に突き出たこの小さな島（金魚島）にある。バスは33、50番、青年通り下車。

　李南帝（在位541～547年）の時代、紅河のほとりの安和村（thôn yên Hòa・後の安附村）に開国寺という名前で建てられた。ハノイ最古の寺といわれる。1440年、後黎朝の第2代皇帝・黎太宗の時代に安国寺と改名された。1616年、紅河の堤防が崩れてきたため、村人たちが現在の場所に移した。さらに、1620年頃に村人が堤防（コーグー堰）を築いた際に、堤防より寺に渡る道も作られた。1639年、后堂、鐘楼、左右の渡り廊下が増築され、現在の規模になった。後黎朝の第11代皇帝・黎熙宗（1680

〜 1705 年）の時代、現在の鎮国寺と改名された。以後、歴代の皇帝はしばしば寺に巡幸し、莫大な寄進をしている。1842 年に、阮朝第 3 代皇帝・紹治（Trieu Tri、在位・1841 〜 1847 年）が巡幸した時に、「鎮北」という名前に変えたが、民衆は「鎮国」という名前を忘れなかった。

　開国寺は李朝（1010 〜 1225 年）時代、首都・昇龍の仏教の中心であった。無言通禅派の多くの禅師たちがこの寺で修養した。また倚蘭皇太后(イーラン)が、ここで仏教を研究する禅師たちと一緒に精進料理の宴を開いたともいわれる。

　この寺は他の多くの寺と違った独特の建築様式で造られている。前方に礼拝堂と三宝、後方に 2 列の「十殿」の渡り廊下と鐘楼がある。

　三世像、釈迦涅槃像など多くの神仏像は、漆に金箔が貼られ、じつに華麗である。また庭には数多くの塔が建てられている。

チャンクォック寺：四面に仏像が収められた塔。うしろは西湖。

第 2 章　ハノイの寺 69 撰

チャンクォック寺：三宝。扁額は「鎮国寺」と漢字で書かれている。

Triều Khúc寺（潮曲寺／漢字名・香雲寺 Hương Vân tự）
チェウ　クック

　チェウクック寺はハノイの中心から西へ約 13km、清池県新朝区
タインチ　タンチェウ
（phương Tân Triều）にある。河東へ行く阮豸（Nguyễn Trãi）通りを左に曲がって 10km 先である。バスはグエンチャイ通り下車。

　規模はかなり大きく、三観門、三宝、前堂、上殿、また上殿の両側に 2 列の渡り廊下、後宮と奉祖堂がある。寺の周囲は古木が生い茂っている。

　三観門を入ると、美しい庭に出る。本堂は前堂と上殿が「Tの字」型で建てられている。

　前堂は 5 間で、前方は「土蔵造り」で、四霊、雲、花、竹と梅、龍の彫刻が彫られてある。上殿は 5 間、「逆Tの字」型で前堂と繋がっている。

131

漆塗りの上に金箔を貼ったクアヴォンが14面あり、寺の尊厳さを増している。おもに18世紀の作品を中心とする52体の仏像がある。その他に本堂の後ろには奉祖堂がある。その庭の周りに三聖母を祀るお堂があり、金銀装身具の祖先を祀っている。庭には11階建ての塔が立っており、各階の四面に仏像が安置されている。

チェウクック寺：【上】三観門。【下】三宝。

第2章 ハノイの寺69撰

チェウクック寺：観音像と11階建ての塔。

Trung tự 寺（中字寺／漢字名・福隆寺 Phúc Long tự）

チュントウ寺はハノイ市棟多郡方蓮区（phương Phương Liên）にある。寺は1741年、中字亭と一緒に建立された。その後何度もの修理を経て、現在の建物は阮朝時代の様式で統一されている。

三観門を入ると、「Tの字」型に配置された前堂、仏殿へと続く。建物は20世紀初頭、阮朝時代の様式が見られる。三世像、准胝観音像、阿弥陀如来像、九龍像など17体の仏像、主に花、木をテーマにした彫刻はいずれも芸術性が高い。他に黎朝時代の碑と銅鐘、后碑記がある。

Tự Khánh 寺（資慶寺）

トウカイン寺はハノイの中心から東北へ約10km、紅河の堤防の左岸を進み、安附村(làng Yên Phụ)、日新村(Nhất Tân)を過ぎた辺り、慈廉県東愕区(xã Đông Ngạc)にある。広くて風通しのよい村の高台に建つ。

寺は描寺（chùa Vẽ）とか、大寺（chùa Cả）とか、地名から東愕寺（chuÀ Đông Ngạc）とも呼ばれている。

寺は後期黎朝（1532～1786年）の頃に創立された。黎聖宗時代の盛徳（1655～1661年）年代に建立された碑によると、阮福寧翁と陳氏玉崙夫人の寄進により、大修理が行われたとある。

抗仏戦争の際、この寺はホーチミン主席も匿われたこともある、革命運動の重要拠点であった。住職の釈清禄（Thích Thanh Lộc）僧正が運動の先頭に立ち、村人全員が抗戦すると宣言した。釈清禄僧正はフランス軍に2度も逮捕され、拷問を受けたが、屈しなかった。

寺は三観門、二階層の鐘撞き堂、庭、前堂、後宮、奉祖堂などからなる。本堂は「Tの字」型の建築様式で、前堂が3間2半間の「土蔵造り」

チュントウ寺：【上】本堂正面。【下】三宝。

トウカイン寺：【上】三観門。【下左】三宝。【下右】玉上皇帝を祀る。

で、屋根の先端は尖って反り上がっている。

　寺には弥勒菩薩像、准胝観音像、菩薩像、釈迦像など 5 体の仏像が安置されており、これらの仏像は 18 〜 19 世紀の作品で、いずれも芸術性が高い。他にも木製、銅製、陶磁器製の祭祀用具が多数保存されている。

Văn Trì 寺（文治寺／漢字名・菩提寺 Bồ Đề tự）
　　ヴァン　チー

　ヴァンチー寺はハノイの中心から 16km 西方（西山へ行く 32 号線）、ハノイ市慈廉県明開区（phường Minh Khai）にある。バスは 32 号線、銅鼓廟下車。
　　　　トゥリエム　ミンカイ

　村の文治亭にある石碑によると、1740 年（黎顕宗の時代）に建立されている。寺は何度も修理・修復され、最近では 1989 年に行われている。

　寺は南向きで、小高い土地にあり、寺の前には鋭川の芭椰（Ba Na）という景色のよい野原へ流れる溝がある。以前寺にはかなり綺麗な三観門があり、門は 1 つだけであった。

　門を入るとすぐ、大きな建物である三宝と右側に礼拝堂がある。建築様式に特に変わった特色はない。だが、保存されている 40 体以上の像はバラエティに富んでいる。堂々として威厳のある聖僧像、穏やかな表情の阿弥陀像、ユーモラスな弥勒菩薩像、女性的な雪山像、見るからに恐ろしい洌翁像、苦悩を露にした法像、これらは、人びとのさまざまな心象風景を形に表したものである。

　寺には、18 世紀の芸術性の高い祭祀用具も多く保存されている。例えば、龍が彫刻された香を立てる机、古い陶磁器や石碑などで、寺はこうした文化遺産用の倉庫を造っている。西山時代（1778 〜 1802 年）に鋳造されたと思われる銅鐘は年号が削られている。これは新しく成立した阮朝の報復を恐れたためと思われる。「菩提聖寺」と彫りされた銅製の扁額は美しい。この寺への参観客は多い。

ヴァンチー寺：【上左】三観門。【上右】ハノイで最高に穏やかな表情の観音像。【下】聖母殿。

Vân Hồ 寺(雲湖寺/漢字・曹策寺 Táo Sách tự)

ヴァンホー寺は曹策寺とか、霊通寺とか呼ばれ、ハノイ市二徴夫人郡黎大行区(phường Lê Đại Hành)、ヴィンコムタワーの向かい側にある。

伝説によると、寺は黎朝時代(1225〜1400年)に「図書館」の古い基礎の上に建立された。霊郎大王(Linh Lang)が禅を学び、念仏を唱えた場所である。仏の他に黎朝時代の威霊郎(伝説の神)が祀られている。

フランスの植民地時代、都市計画により本堂は後方の聖母殿に移され、現在は前堂が5間、後宮が3間、長い建屋が9間で、聖母殿が3間、さらに墓塔がある。また17世紀に造られた対の龍の石像、黎朝時代の丸い煉瓦の小槌が貴重である。

ヴァンホー寺:【左】護法像。保存が悪いせいか痛みが激しいのが惜しまれる。【右】八部金剛像。

三観門は最近新築された。木造とスチールを組み合わされ、彫刻はホーフーだけという、ハノイでは珍しい三観門となっている。

寺には素晴らしい木彫の仏像が安置されている。

Vĩnh Trù寺（永籌寺）

ヴィンチュウ寺はハノイ市還剣郡冥器区（phường Hàng Mã）梳行（Hàng Lược）59番地にある。

寺は19世紀頃、同じ通りにある浦池寺（chùa Phổ Trì）と同時期に建立された。昔、ここに永籌亭があり、後に祠に変わり、さらに寺に変わった。

1950年、荒れていた三宝を、住職と地元住民が力を合わせ、また他の地域の仏教徒の援助も得て修復し、現在に至っている。建物の傷みが進んでおり、建て直す話も出ている。

仏を祀る本堂は「三」の字型で建てられ、中は広い。寺内のどの建物も派手な装飾の彫刻は少なく、簡素に建てられているが、寺の中には多くの芸術性の高い仏像があり、特に観音像、阿弥陀像は美しい。

仏の他に、紫微星を祀っている。道教の伝説によると、紫微星は宋（中国）の時代の人で、難を逃れてベトナムへ来た。彼が海難事故にあって亡くなったあと、沿岸地域の民衆が祠などを建てて彼を祀るようになった。ハノイでも、数は少ないが、紅河と蘇歴川に彼を祀る祠がある。また、寺は三聖母も

ヴィンチュウ寺：読経にはげむ尼僧。

祀っている。

　抗仏戦争の初期、寺は革命軍の指揮所となった。この戦争で犠牲になった烈士の記念碑が置かれている。

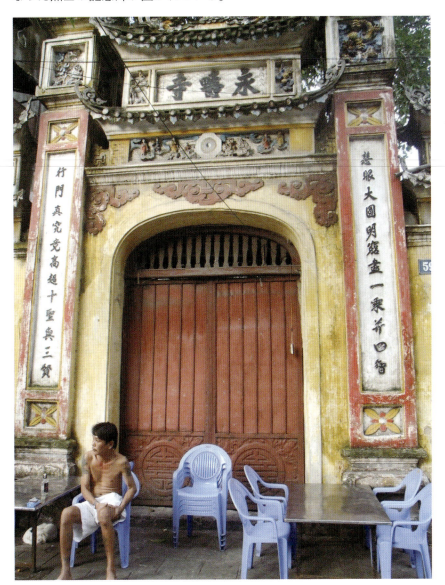

ヴィンチュウ寺：三観門。

ヴィンチュウ寺：【左】護法像（善像）。【右】護法像（悪像）

Vũ Thạch 寺（武石寺）
　　ヴー　タック

　ヴータック寺は、ハノイ市還剣郡場銭区（phường Tràng Tiền）
婆趙（phố Bà Chiệu）通りにある。バスはバーチェウ通りの入口、ホア
ンキエム湖下車、徒歩5分。亭と祠も同じ敷地に建てられている。

　言い伝えによると、ホアンキエム湖の辺に建立された当時は規模も大きかったが、時代を経るつれて縮小されていった。寺は何度もの修理を経ているが、阮朝時代の特徴は残されている。

　建物は本堂と上殿が「逆Tの字」型の配置になっている。仏像の種類は多く、それぞれ特徴があり、芸術性も高い。

第2章 ハノイの寺69撰

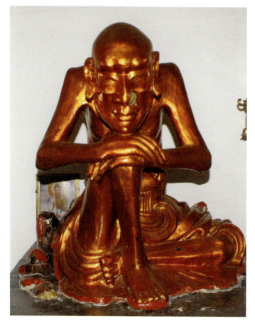

ヴータック寺:【上左】寺の入り口。バーチェウ通りの入口でもある。【上右】准胝観音像。【下左】釈迦の雪山像。【下右】蓮華座に座す仏像。

Vua 寺(王寺/漢字名・興慶寺 Hưng Khánh tự)

ヴア寺はハノイ市二徴夫人郡順化通(phố Huế)王寺街(phố chùa Vua)にある。バスはフエ通り、ホアビン市場下車、徒歩3分。

「天帝神」も祀ってあるため、「天帝殿」(Thiên Đế điện)とも呼ばれる。黎朝時代、この地に半月形の湖があり、皇帝が涼をとるための離宮があった。

ヴア寺は何度も修理・修復が行われた。三観門、庭、天帝殿、聖母殿と渡り廊下がある。天帝殿は前亭が5間の「土蔵造り」、上殿が4間である。

毎年1月6〜9日までの4日間、盛大な祭りが開かれる。祭りでは将棋のトーナメントが行われ、3年連続優勝すると碑に名前が刻まれる。

ヴア寺:薬師如来を本尊とする三宝。

ヴア寺：【左】本堂を望む。【右】恒例の将棋トーナメント風景。

Xuân Đô Hạ 寺（春杜下寺／漢字名・崇福寺 Sùng Phúc tự）

　漢字では「崇徳寺」と書かれているが、昔からこの村の人は、村の名前通り、スアンドーハ寺と呼んでいる。

　寺はハノイの中心から東へ約7km、彰陽橋を渡って、紅河の左岸を進み、約5kmの堤防の下、龍編郡巨塊区（phường Cự Khôi）にある。バスは47番、土塊下車。

　1800年（西山時代）建立の碑と1795年鋳造の銅鐘によると、寺は黎朝の末期頃に建立された。以前は規模も大きく壮麗な伽藍があったらしいが、現在、その面影はない。しかし、建物全体が調和のとれた「Tの字」型の阮朝時代の様式で統一されており、芸術性も高い。

スアンドーハ寺：【上】三観門。【下左】三宝。【下右】観音像

Trâm Gian 寺(百間寺/漢字名・廣厳寺)
(チャム　ザン)

　チャムザン寺は小高い丘の上にあり、仏像が多いことで知られている。バスは、57番：Mỹ Đình Ⅱ／37番：Giáp Bát／72番：Yen Nghĩa～Chuc Sơn下車。約5km。タクシーまたはセオム料金5万ドン。

　三観門を潜り本堂へ入ると、祭壇が7つ並んでいる。入口から順に、ヴォンの祭壇、祖師の祭壇、ミニ三宝、始祖・先祖の祭壇、陳興道を祀る祭壇、聖母を祀る祭壇、ソンチャンを祀る祭壇である。三宝には大きな雪山像が目を引く。また聖母関係の像が多く安置されてる。

チャムザン寺：【上】三観門。【下】本堂。

チャムザン寺:【上】三宝。【下】十八羅漢像が一体ずつ彫られている。

Đậu寺(漢字名・成道寺、法雨寺)

　ダウ寺は即身仏が保存されていることで有名である。即身仏というと日本では骨ばかりの体を思い浮かべるが、ベトナムの即身仏はかなり綺麗で、本物のミイラなのか人形なのか、ちょっと識別できない。

　バスは06番：Giáp Bát〜Thương Tin下車、1万4000ドン／常信バス車庫下車、約3km。セオム料金4万ドン。

　昔の三観門だろうか、隙間だらけで大らかな二階層の三観門をくぐり本堂へ入ると、漆塗りの上に金箔が貼られた眩いばかりの釈迦如来に圧倒される。脇侍の普賢菩薩像、文殊菩薩像の素晴らしさはドンダー郡にある同光寺の大理石の文殊・普賢菩薩に匹敵する。三体一組の十八羅漢像も坐像立像が揃って見事である。

ダウ寺：三観門。

ダウ寺：【上左】即身仏。【上右】釈迦像。【下左】文殊菩薩像。【下右】普賢菩薩像。

Bụt Mọc 寺(漢字名・木仏寺、光霊庵寺)

　バスは61番：huyện Đông Anh 下車。名前の通り、木仏が多い寺である。木の温もりが感じられる木仏は、見ているだけでも気が休まる。ただ白木のままだと保存に問題があり、いずれ漆が塗られてしまうのではないだろうか。

　二階層の三観門はで1階の屋根と2階の屋根の間に、ガラスを使っているのがモダンだ。寺の三宝の両脇に神（儒教・陳興道）と聖賢が祀られている。聖母殿にもタムトアを中心に、片側にソンチャン（聖人）、もう一方には神・陳興道が祀られている。儒教の神はどこの寺にも祀られているが、ほとんどが陳興道である。なんでも礼拝すると婦人病のお祓いになるとか。

ブットモック寺：【上】木仏。

ブットモック寺：【上】聖人三体。【中】神三体。【下】聖母殿。

第2章　ハノイの寺69撰

ヴァンニエン寺：【左・右】三観門の扉に浮き彫りされたインドの神々に似た像。

Vạn Niên 寺（萬年寺）
　　ヴァン　ニエン

　バスは13番、25番、55番で Lạc Long Quan 通り下車。
　バラモン教の影響が色濃く残っているためか、寺にはインドの神像を象った壁画や像が多くみられる。楽龍君通りに面した塀には、20面を越すインドの神の木彫りの素晴らしい額が飾られている。

153

ヴァンニエン寺:【上】三観門。【下】三宝と准胝観音。

ヴァンニエン寺：【左・右】扉・壁等に浮き彫りされたインドの神々に似た像。

Dâu寺（延応寺・法雲寺）
<small>ザウ</small>

　ザウ寺はベトナムで一番古い寺と言われているが、研究者によると、この付近からは古い遺跡は発見されていないとか。西暦170年前後に類楼と呼ばれ、仏教が最初に入った地のようだが、何の痕跡も残っていない。ただ、寺に雨の神、雲の神、雷の神、稲妻の神が祀られており、仏教・道教・儒教が入って来る以前の、古のベトナム人の信仰心が窺える。

　バスは204番：Lương Yên ～ chùa Dâu 下車。料金1万5000ドン。

ザウ寺:【上左】護法像(善像)。【上右】護法像(悪像)。【下左】雲の神(法雲)像【下右】雨の神(法雨)像。

第 2 章　ハノイの寺 69 撰

ザウ寺：【上左】和豊塔。【上右】道教の聖賢像。【下】観音像。

ザウ寺：十八羅漢像。

Pho Linh寺（譜霊寺）
    フォー　リン

　場所は府西湖から徒歩5分。聖母・柳杏を祀る府西湖はハノイでも有数の聖地だが、この譜霊寺もとても味のある寺だ。三観門を潜ると右側に広場があり、そこに仏が祀られている。2016年4月現在、新しい建物が建築中。材料に高価な木材がふんだんに使用されているのにはびっくりさせられた。

　建築現場を右に見て進むと右側に塀があり、その塀に閻魔大王の世界が14面に

フォーリン寺：境内の釈迦像。

わたって描かれている。地獄のシーンを描いた寺は他にもあるが、ここの壁画は特に迫力がある。

フォーリン寺：閻魔大王の世界。

フォーリン寺：閻魔大王の世界。

Am cây Đề 寺（庵核堤寺／漢字・青寧寺 chùa Thanh Ninh）

　アムカイデー寺は、ハノイ市巴亭郡鄭辺区（phường Điện Biên）黎遂通り（phố Lê Trực）2番地にある。村の名前をとって青寧寺（Chùa Thanh Ninh）とも呼ばれている。小高い広い場所にあり、境内には古木が生い茂っている。

　寺には仏の他に、境内の玉青祠に陳興道（Trần Hưng Đạo、1228～1300年。陳朝時代の皇帝（陳太宗）の叔父で武将。1257年モンゴル軍の侵攻を撃退した）とその一族を祀っている。

　伝説によると、昔の寺は李太宗帝（Ly Thái Tông、在位1028～1054年）時代の1031年に建立されたといわれるが、その痕跡は何も残っていない。黎顕宗（Lê Hiến Tông）時代の1739年に再建された。当時、その地域は越清戦争の犠牲者を埋葬した霊園となっていた。そこへ、鄭（Trịnh）一族（1600～1758年、ベトナムは南北2つの政権が対立、その南部を支配していた一族）の鄭領主が娘の魂を祀るために建てた小さな庵が庵核堤寺の原型である。

　三観門を入ると、正面に煉瓦造りの玉青祠が見える。周囲も煉瓦の壁で囲まれている。中の礼拝堂は5間、後宮は3間である。三宝（仏法僧）は、前堂が5間、後宮が3間である。寺には35体の像が安置され、うち12体は玉青祠にある。また、3対の陶磁器の花瓶、1797年に鋳造された「青寧鐘」という銘の銅鐘がある。

Bắc Biên 寺（北編寺／漢字名・福赦寺 Phúc Xá tự）

　バックビエン寺は安赦寺（chùa An Xá）とも呼ばれる。ハノイ市龍編区玉翠坊（phường Ngọc Thuy）にある。

ベトナム初の長期王朝・李朝（1009〜1225年）の初代皇帝・李太祖(リタイト)（Ly Thái Tổ・在位1009〜1028年）が1010年、昇龍(タンロン)（Thăng Long 現在のハノイ）へ遷都した。その際、宮殿建設のため、寺は移転した。さらに1920年、現在地に移転をした。

　寺の敷地は2880㎡、三宝は前堂が5間、後宮が3間の「逆Tの字」型の建築様式である。寺には仏の他に神として李常傑(リトゥオンキェット)（Ly Thường Kiệt、1019〜1105年）を祀っている。李常傑は李朝時代の宦官、武将で、宋との戦いでベトナムを勝利に導いた名将として、尊崇されている。寺の鐘には、李常傑が安赦村で生まれたと刻まれている。

Chèm(チェム) 寺（漢字名・含龍寺 Hàm Long tự）

　チェム寺はハノイ市慈廉(トゥリエム)県瑞芳(トゥイフォン)区（xã Thuy Phương）にある。門額には「含龍寺」とある。バスは31、45番。

　1688年（永治12年）建立の碑には、寺の発起人のひとりについての記述がある。阮亭般（Nguyễn Đinh Ban）は瑞芳村の出身で、科挙試験の合格者、漢字の号は法徴、妻は阮氏女（Nguyễn Thị Gái）で号は徐明であった。

　寺は前堂・上殿・焼香堂・後宮・鐘楼・左右の渡り廊下・内外2つの三観門からなる。寺には30体の仏像が祀られている。釈迦三尊像・観音菩薩像は黎朝中興期の作だが、他の多くは18〜20世紀の作である。また価値のある祭祀用具も多く保存されている。

Duệ(ズエ) 寺（裔寺／漢字名・光凱寺 Quang Khai Tự）

　ズエ寺はハノイの中心から西北に約6km、ハノイ市橋紙(カウザイ)郡駅望(ジックヴォン)区（phương Dịch Vong）前(ティエン)村（thôn Tiền）にある。もともと裔(ズエ)という村の

近くにあったので、ズエ寺と呼ばれるようになった。

　寺の縁起によると、李朝第4代皇帝・李仁宗(ニャントン)（Ly Nhân Tông、1066〜1127年。在位・1072〜1128年）時代、僧・黎大顛(レダイジエン)（Lê Đại Diên）が修行の場所として建立した。外観は1936年、1985年、1994年など何度も修復されている。

　三観門の中央の上部には、1815年（嘉隆14年）に鋳造された鐘が吊るされている。三宝は「逆Ｔの字」型で、前堂が5間、後宮が1間の「土蔵造り」の建築様式である。屋根の天辺には、月を真ん中に龍が向かい合っている。また18〜19世紀にかけて造られた芸術性の高い仏像が保存されている。

Đại Áng(ダイアン) 寺（大盎寺／漢字名・天福寺 Thiên Phúc Tự）

　ダイアン寺はハノイ郊外の清池県ダイアン村(タインチ)（xã Đại Áng）にある。ハノイの中心から1号線を南へ進み、文点町(ヴァンジエン)（Văn Diển）を左に曲がり、70号線を蘇歴川に向かって、約7km行ったところにある。バスは05番。

　寺は前堂・焼香堂・上殿の3つの部分からなる。雪山像・弥勒如来像・千手観音像・九龍像など60体の像が体系的に安置され、どれも精密で美しい。特に、9匹の龍が噴出する水を浴びる釈迦誕生像を囲む九龍像は神秘的な世界を醸しだしている。また、高さ4mの千手観音像は、19世紀末に作られた像で、これほど美しい像はハノイ市内でも珍しい。上殿の中央に大小の像に囲まれた釈迦生誕像があり、すべての人が衣食満ち足り幸せであるようにとの仁愛ある仏の願望が伝わってくる。

Đại Cát(ダイカット) 寺（大吉寺／漢字名・崇康寺 Sùng Khang tự）

　ダイカット寺はハノイ市慈廉県蓮幕区(トゥリエム)(リエンマック)（xã Liên Mạc）にある。ハノ

イの中心ホアンキエム湖から 17km 西北、紅河の堤防の右岸、ダイカット村（thôn Đại Cát）の広くて小高い丘に建っている。

　三観門は煉瓦作り、三宝は「逆Tの字」の形で建てられ、前堂は2間、後宮は1間である。

　寺には、戊午年（年号不明？）に鋳造された銅鐘がある。また芸術的価値の高い木彫りの仏像、銅鐘、1789年（乙亥・景興年代）に建立された石碑などがある。

Đại Lan 寺（大欄寺）
<small>ダイ　ラン</small>

　ダイラン寺はハノイの郊外清池県縁区（xã Duyên Hà）ダイラン村、ハノイの中心から南方へ約 15km 行った紅河の辺りにある。かつては廟であった。

　前堂は5間の「土蔵造り」、三宝は「逆Tの字」型、上殿は2間である。仏像も多く、ほとんどは 19 世紀に作られたものである。寺の前には集会や祭りを行う亭がある。

Đào Xuyên 寺（桃川寺／漢字名・聖恩寺 Thánh Ân tự）
<small>ダオ　スエン</small>

　ダオスエン寺はハノイ市嘉林県多孫区（xã Đa Tốn）ダオスエン村（thôn Đào Xuyên）にある。

　門額は「聖恩寺」とある。1635 年の碑に、何度も修理されたという記述があるから、もとの寺の建立時期はかなり古い。現在の寺は 1910 年に建て直されたものである。

　「内工外国」の建築様式で、寺の規模はかなり大きい。焼香堂・上殿・三宝・奉祖堂がある。三宝は南向きで「逆Tの字」型、前堂は7間と大きく、随所に精密な彫刻がなされている。

寺には、高さ1.35mの千手観音像が、六角形の蓮華座の上に座っている。42本の大きな手と610本の小さな手はそれぞれ形の違う宝物を持っている。真っ直ぐな鼻、ふくよかな頬、小さな口をした観音像の顔は気品にあふれている。格調高い蓮の花びらと2匹の龍が彫られている蓮華座の高さは50cm、雲・炎・波などの彫刻も施され、それらの彫刻様式から、この観音像は16世紀末につくられたものと推定されている。そのほか18～19世紀につくられた仏像が多く保存されている。

Đông Ba寺（東巴寺／漢字名・崇恩寺 Sùng Ân tự）

ドンバー寺はハノイの中心から西北に20km、ハノイ市郊外慈廉県ダイカット村（thôn Đại Cát）、紅河の近くにある。寺に残っている「后仏碑記」（1729年）や特徴ある丸い煉瓦などから、寺は16世紀、もともとあった亭の傍らに建立されたと考えられる。建物は「工の字」型で、前堂・焼香堂・上殿が並んでいる。焼香堂には魔除けのホーフーが浮き彫りされている。

仏像は、三世像・阿弥陀三尊像・千手観音像・語法の善像／悪像・十全閻魔大王像・聖母像などがあり、他にも33基の石碑が残されている。また後期黎朝時代（1428～1527年）に鋳造された2つの銅像がある。多くの作品は美しく、歴史的にも芸術的にも価値が高い。

Giáp Nhất （甲一寺／漢字名・福林寺 Phúc Lâm tự）

ザップニャット寺はハノイ内の中心から約7km、ハノイ市青春郡仁正区（phường Nhân Chính）甲一村（thôn Giáp Nhất）にある。

前堂、上殿、奉祖堂などからなり、境内は広く、緑が多い。

寺の縁起を記した石碑によると、かつて寺は廃寺となったことがある

が、かなり早い時期に再建された。さらに1892年に修復された。現在、寺には1941年につくられた新しい仏像が保存されている。1973年には三宝が修復され、奉祖堂が建立された。

Huy Vān寺（輝文寺／漢字名・毓慶殿 Điện Dục Khánh）

フイヴァン寺はハノイ市棟多郡輝文通り（phố Huy Vān）にある。

寺の縁起によると、昔、この地に北国から来た花文高（Hoa Vān Cao）という男が住んでいた。ある晩、近くの丘の土の中からなにか珍しい光を発していることに気がついた。掘ってみたら、金塊が出てきた。男は金塊を売り、その金で寺を建立して、花文寺と名づけたが、後に訛って輝文寺と呼ばれるようになった。

寺にある碑には別の縁起も刻まれている。それによると、寺は後黎朝・大越の第2代皇帝・黎太宗（在位：1434～1443年）時代に建立された。ある時、黎太宗の妃・玉遥（Ngô Thị Ngọc Dao）が黎太祖の皇后に嫉妬されて、この寺に逃げ込んできた。そして、この寺で男の子を生み、思誠（Tư Thành）と命名した。思誠はこの寺で成長し黎太宗が亡くなった後、朝廷に迎えられ、黎聖宗（Lê Thánh Tông、在位・1460～1497年）として帝位に就いた。黎聖宗は母・玉遥に光復皇太后の位を与え、輝文寺を修復して、寺の中に皇太后のための宮殿を建てた。皇太后はそこで30年生活して亡くなった。その後も19世紀に2度大修理が行われた。

寺には多くの仏像のほかに、皇太后の像と黎聖宗の像が安置されている。また9基の石碑が保存されている。

Kiến Sơ寺（建初寺）

キエンソー寺はハノイ市の中心から東北に約15km、嘉林県扶童村（xã

Phù Đổng）にある。

　歴史書によると、820年唐から高名な禅僧・無言通（Vô Ngôn Thông）がこの地へやってきて、この寺を創立し、以後ベトナムに無言通派の禅を広めた。ベトナム李朝の初代皇帝・李太祖（974〜1028年）が幼少の頃、この寺に仏教の修行と勉強のために通ったといわれる。

　寺には無言通禅師、李太祖、孔子など多くの像がある。長い廊下には18体の羅漢像が安置されている。

Kim Quan 寺（金観寺／漢字名・印光寺 Ân Quang tự）

　キムクアン寺はハノイ市の中心から8km北方の龍編郡越興区（xã Việt Hưng）にある。かつて寺の敷地は広かったが、その後区画整理のために削られ、狭くなった。寺のあちこちに、花鳥、雲龍など格調高い美しい彫刻が施されている。黎朝〜阮朝にかけて作られた13体の像と17〜19世紀にかけて作られた祭祀用具は、歴史的にも芸術的にも価値が高く、多くの見学者が訪れる。

Kỳ Vũ 寺（奇武寺）

　キーヴー寺はハノイの中心から西方へ32号線を下って約20kmのところ、慈廉県上城区（xã Thượng Thanh）上吉村（thôn Thượng Cát）にある。

　「工の字」型の建築様式で、前堂、焼香堂、上殿からなり、規模はかなり大きい。裏手に釣鐘堂と祠堂がある。前堂の屋根の四隅は緩く反り上がり、先端には龍が彫られている。

　寺には三世像、阿弥陀菩薩像、四菩薩像、南海観音像、黎朝王女像など約51体の仏像があり、いずれも黎朝〜阮朝時代のもので、歴史的にも

芸術的にも価値が高い。

Lạc Thị 寺（落氏寺／漢字名・霊光寺 Ling QuangTu）
　ラックティー寺はハノイの中心から国道1号線を南へ約20km、清池県玉会区（phường Ngọc Hồi）落氏村にある。

　寺はかなり古くからあり、しばしば修復され、最近では1934、1935、1973年に大修理が行われた。寺は村の高台に位置しており、落氏祠が近くにある。

　三観門、三宝、前堂、後宮などからなる。三宝は「逆Tの字」型の建築様式で、前堂は3間の「土蔵造り」、後宮は2間である。また寺には、1716年に建立された碑や多くの祭祀用具が保存されており、中には、19世紀に作成された本格的な仏像もある。

Lại Đà 寺（頼駝寺／漢字名・景福寺 Cảnh Phúc Tự）
　ライダー寺は、ハノイの中心から北へ約20km、東英県東会区（phường Đong Hội）ライダー村にある。

　寺は古くからあるが、現在の建物は20世紀の初頭に建立されたものである。

　三観門は石造りである。仏像も多く、特に三世像は注目に値する。仏にも過去・現在・未来があり、阿弥陀が過去、釈迦が現在、弥勒菩が未来を象徴する。

Ling Quang Phòng 寺（霊光房寺）
　リンクアンフォン寺はハノイの中心から東北に約15km、彰陽橋、堆橋

を渡り、安員町を抜け、右に曲がって約3km、嘉林県（huyện Gia Lâm）庭川区（phương Đình Xuyên）祭川村（thôn Tế Xuyên）の高台にある。

　寺の縁起によると、1728年（保泰9年）に建立され、1800年に鐘が鋳造された。「Ｔの字型」の建築様式で、前堂は5間の「土蔵造り」、上殿は4間で前堂と繋がっており、龍や鳳凰の浮き彫りが施されている。

　仏像は阮朝時代（19世紀）の作品が多いが、三世像、文殊菩薩像、普賢菩薩像は黎朝末期（17～18世紀）の作品である。また、黎朝末期から西山時代にかけて建立された香石と碑がある。抗仏戦争時代には、寺はゲリラ活動の拠点となった。

Ling Quang 寺（霊光寺）

　リンクアン寺はハノイ市棟多郡青烈村（phường Thanh Liệt）にある。建立時代ははっきりしないが、かなり古いようだ。

　仏殿の配置は「Ｔの字」型であり、前堂が5間の「土蔵造り」、上殿は3間で前堂とは繋がっている。寺には25体の仏像があり、うち祖師堂には3体あるが、これらは20世紀初頭の作品である。

　8月革命（1945年）の際、寺は国を救う青年たちが蜂起するために集合する連絡場所であった。

Ling Ứng 寺（霊応寺）

　リンウン寺はハノイ市慈廉県春方区（phường Xuân Phương）氏禁村（thôn Thị Cẩm）鋭川（sông Nhuệ）のほとりの広い場所にある。

　縁起によると、寺は黎朝時代に建立された。17世紀の末、村に住む阮氏花（Nguyễn Thị Hoa）夫妻が個人の浄財で礼拝堂と鐘楼を修復した。1795年（西山朝時代）「霊応鐘」が鋳造された。

阮朝時代の1857年と1903年に大修理がなされ、「霊応寺の鐘」を鋳造した。1936年には聖母殿と仏像と祭具を購入した。また奥の院が建立され、9間の部屋が建て増しされた。

三観門、聖母殿、三宝などからなり、三宝は「工の字」型の配置で、前堂は3間2半間、上殿が3間である。18～20世紀の歴史的にも芸術的にも価値の高い多くの仏像、祭祀用具が残されている。

Long Quang寺（龍光寺）

ロンクアン寺は国道1号線を南へ約20km下ったハノイ市清池県四協区（phường Từ Hiệp）にある。村の高台に位置し、「前神後仏」（前に神像を、後ろに仏像を祀る）の形で、寺の規模はかなり大きい。

三観門を入ると、両側に渡り廊下が平行してあり、後ろに聖母殿がある。三観門は2階層で、天辺には尻尾を合わせた4頭の鳳凰の塑像が置かれている。

寺の正面には、前堂と上殿が「T字」型に配置されている。前堂は5間の「土蔵造り」、上殿は5間である。

寺には三世像と阿弥陀三尊像など52体の仏像がある。19世紀の作品が多いが、護法像、千手観音像は18世紀末のもので、歴史的にも価値が高い。各所に施された四霊（龍・鳳凰・亀・麒麟）、龍雲、花葉などの彫刻作品は阮朝（19世紀）時代のものが多く、軽やかで高い芸術性を帯びている。

Mai Phúc寺（梅福寺／漢字名・明宗寺 Minh Tông tự）

マイフック寺はハノイの中心から東北へ約7km、龍編郡嘉瑞区（phường Gia Thuy）梅福村（thôn Mai Phúc）にある。

寺は三宝、後宮、奉祖堂、聖母殿などからなる。寺は何度も修復され、大修理は1879年、1910年の2度行われている。

三宝は「逆Tの字」型、西南方向を向き、前堂は5間半の「土蔵造り」である。上殿は4間半で、多数の仏像が保存されており、多くが19～20世紀初頭の作品である。

寺には数多くの古物も保存されている。特に注目されるのは、12枚の銅板（18×24 cm、重さ約1kg）で、そこには約2000文字以上の漢字が彫られている。

Mật Dụng寺（蜜用寺）
_{マット ズン}

マットズン寺はハノイ市西湖郡柚子区（phường Bưởi）薫村（thôn Đồng）にある。バスは14、45番、トゥイクエ通り下車。

寺は三観門、三宝、その両側に供物の準備室、祠堂などからなる。三宝は「工の字」型に配置され、焼香堂は2間で前堂に続いている。上殿は3間半の大きさである。歴史的にも美術的にも価値の高い多くの仏像が安置されている。また1794年（景盛2年・西山時代）に鋳造された「蜜用紅鐘」と刻まれた鐘がある。

仏殿の後ろに、1824年に建てられた石碑がある。それによると、寺は黎朝時代以前に建立されが、長い間続いた戦争のため、廃寺同然になっていた。それを1820年、照斂（Chiếu Liệm）という名の僧侶が善男善女を動員し、大修理を行った。仏像は塗り直され、新たに楼鐘と渡り廊下がつくられた。寺には2基の石碑と数多くの対句が残されている。

Mễ Trì Thượnhg寺（米池上寺／漢字名・天竺寺 Thiên Trúc tự）

メチトゥオン寺はハノイ市慈廉県（huyện Từ Liêm）米池区にある。

中国の禅宗五派の1つ曹洞派の寺で、正式の名称は天竹寺だが、通常、村の名前から米池上寺と呼ばれている。寺は、遠い昔に建立されたようである。

　建物は三観門、前堂、上殿などからなる。三観門の2階に鐘楼がある。前堂は5間、上殿と前堂は「逆Tの字」型の配置で、上殿が4間、渡り廊下は7間あり、「土蔵造り」である。寺の規模は大きくはないが、周囲の自然環境と調和している。

　寺には仏殿の他に祠堂と聖母殿がある。また後方の庭には「黄泉の世界」を表す像と墓塔がある。

　寺の33体の像のうち、5体は聖母像で、8体が祖先像である。主要な像は19世紀のもので、芸術性の価値は高い。中でも、注目に値するのは三世像と阿弥陀三尊像である。僅かではあるが、黎朝時代の作品も残されている。

　他に阮朝時代の1835年に鋳造された鐘、1855年に造られた銅製の磬（けい）（楽器）、鼎（線香を挿す器）、維新帝時代（1907〜1916年）の2つの石碑と供物台がある。

Mỹ Quang寺（美光寺／漢字名・霊光寺 Linh Quang tự）

　ミークアン寺は庵寺（chua Am）とも呼ばれ、ハノイ市棟多郡欽天市場（chợ Khâm Thiên）通りにある。

　寺内にある「流伝碑記」によると、1767年に建立されたとある。1789年（己寅年）の「棟多の戦い」で被害を受けた。それ以後、何度も修理修復されおり、1836年には下殿上梁を、1936年には中殿上梁を修復したとの記録がある。ベトナム戦争の際の1972年、米軍機の空爆により破壊されたが、地域の人びとと信者が仏具を集めて修復した。

　三観門、三宝、祠堂などからなり、煉瓦の敷かれた庭、池がある。三

宝は「逆Tの字」型、前堂は3間の「土蔵造り」で、後宮は2間である。現在、残っている仏像はわずかだが、石碑、18世紀の磁器が保存されている。

Nành 寺（梗寺／漢字名・法文寺 Pháp Văn tự）
　　ニャイン

　ニャイン寺はハノイの中心から東北へ約17km、彰陽橋、堆橋、道橋を渡り、安員（Yên Viên）街を抜け、右に折れて2km行ったところ、ハノイ市嘉林県寧協村（xã Ninh Hiệp）にある。伝説によると、寺は李朝の頃に建立された。

　寺の規模はかなり大きく、水上亭、三観門、前堂、屋根のある橋、三宝、左右の供物の準備室、奉祖堂、聖母殿などからなる。

　何度も修理されているが、主な建物は阮朝時代のものである。仏像の数は多く、特に三世像は16世紀に製作されたもので、歴史的にも芸術的にも価値が高い。石碑も多くが保存されており、早いものは16世紀のものがある。銅鐘は1653年、磬は1733年に鋳造されている。

Nga My 寺（俄眉寺）
　　ガー ミー

　ガーミー寺はハノイ市黄梅郡黄文樹区（phương Hoàng Văn Thụ）にある。寺はかなり昔に建立されたらしい。

　寺に保存されている石碑には、1479年に大修理が行われたとある。その後も何度も修復され、かつてより規模は小さくなったが、なお大きな建物が残っている。主に19世紀（後期黎朝〜阮朝初期）に作られた仏像が数多く保存されている。特に阿弥陀像、三世像は素晴らしい。仏具にも歴史的・芸術的に価値の高いものが多い。阮朝時代に作られた鐘楼も風格がある。

Ngọc Hội寺（玉回寺）

　ゴックホーイ寺はハノイの中心から南へ約17km、国道1号線を下った清池県玉回区玉回村にある。蘇歴川のほとりの広大な土地に建っている。

　伝説によると、寺は黎朝時代、モンゴルの侵略に抵抗した2人の皇女を祀るために建立された。その後、度重なる戦乱のために荒廃したが、阮朝時代に復旧された。

　三宝は「逆Tの字」型で、他に前堂、焼香堂、上殿がある。また18〜19世紀に作られた42体の像がある。その他に鐘、6基の石碑などが保存されている。

　フランス植民地からの独立を求めた第1次インドシナ戦争の際、寺はベトナム独立同盟会（ベトミン）の活動拠点となった。三観門はベトナム戦争の際、米空軍の爆撃で破壊された。

Ngọc Trục寺（玉軸寺／漢字名・大福寺 Đại Phúc tự）

　ゴックチュック寺はハノイ市慈廉県大網区（phương Đại Mỗ）玉軸村の小高い丘に建てられている。

　寺にある資料や祭具から判断すると、建立時期はかなり古いようだ。18世紀頃にも修理修復がなされたという記録がある。

　寺は三観門、三宝、前堂、上殿などからなる。前堂が5間半、後宮が2間である。三宝には両側に渡り廊下があり、後ろの後宮と聖母殿、奉祖堂と連結している。寺には芸術的にも価値の高い50体もの彫刻作品が保存されている。

Nguyên Xá 寺（源赦寺／漢字名・聖林寺 Thánh Lâm tự）
<small>グエン　サー</small>

　グエンサー寺はハノイの中心から西北へ約20km、慈廉県富明村（xã Phú Minh）にある。
<small>トゥリエム　フーミン</small>

　伝説によると、寺はかなり古い時代からあったようである。黎・鄭朝時代に略奪・破壊されたが、西山時代に修理して建て直された。その後、鐘の鋳造、像の制作、礼拝堂が修理された。

　寺は東向きで、門、前堂、上堂、聖母殿、塔、三宝などからなる。三宝は「逆Tの字」型で、前堂は5間で、上殿が3間ある。また1798年（景興7年・西山時代）に鋳造された鐘など数多くの貴重な像、仏具が保存されている。

　村には銅鼓神を祀った大きな銅鼓廟がある。銅鼓とは青銅製の片面の太鼓で、主に雨乞いや祖先祭祀の際、精霊に働きかける目的で作られた祭具の一種である。銅鼓神はベトナムが外敵に侵入された際、しばしば国難を救ったとされ、いまでも多くのベトナム人に神として厚く敬われている。

Nhân Hoà 寺（仁和寺／漢字名・福林寺 Phúc Lâm tự）
<small>ニャン　ホア</small>

　ニャンホア寺はハノイ郊外、清池県左清威区（phường Tả Thanh Oai）仁和村にある。ハノイの中心から南へ国道1号線を進み、文点（văn Điển）街を通過、約5km先を右に曲がったところ。または、大金（Đại Kim）を通過して河東（Hà Đông）通りを進むと寺に着く。
<small>タインチ　タータインオアイ</small>
<small>ニャンホア</small>
<small>ヴァンジエン</small>
<small>ダイキム</small>
<small>ハドン</small>

　周囲を古木に囲まれた広い敷地に、高くて堂々とした三観門、後宮、聖母殿、奉祖堂、僧侶の住いなどが建てられている。庭には塔がある。

　41体ある仏像は黎朝時代以降の作品で、どれも大きく美しい。また木

製、銅製、陶磁器製の祭祀用具、石碑、香石、鐘などか残されていて、歴史的にも美術的にも貴重なものが多い。

Phú Thị 寺（富氏寺／漢字名・太陽寺、崇福寺）
　　　フー　チー

　フーチー寺はハノイ郊外、嘉林県富氏区富氏村にある。ハノイの中心から約15km東に、彰陽橋、堆橋を渡って右に曲がり、国道5号線を進み、約3kmで寺に着く。

　元の寺がいつごろ建てられたは不明だが、かなり古い。伝説によると、李朝第3代皇帝・李聖宗の皇后・倚蘭夫人（1044～1117）が1066年この寺を訪れて願をかけた。その願が叶ったため、倚蘭夫人の力で寺は華麗な寺に生まれ変わったという。その後、寺は何度も修理され、1633年、1636年、1701年、1821年に修理された記録が残されている。

　三宝は「逆Tの字」型で、前堂が5間、後宮が3間である。仏像の数は多いが、たびたび戦災に見舞われたため、古いものは少ない。寺と一緒に亭・祠も建立されている。

Phú Xá 寺（富赦寺／漢字名・福林寺 Phúc Lâm tự）
　　　フー　サー

　フーサー寺はハノイの中心から約35km北へ、彰陽橋、堆橋を渡り、東英街府魯街を通過して、多福街(Đa Phúc)に入って約3kmのところ、朔山県富明区（phường Phú Minh）富赦村にある。

　寺には三観門、三宝などからなり、柱などに四霊（龍・鳳凰・麒麟・亀)や四季の多彩な風景が彫刻されている。仏像も多く八部金剛像、護法の善像、悪像、梵天像、帝釈天像などは19世紀の秀作である。

Phúc Hậu 寺（福后寺／漢字名・福勝寺 Phúc Thắng tự）

フックホウ寺はハノイの中心から西北に約30km、東英県毓繡区（phường Dục Tú）福后村にある。福后亭が並んで建立されている。

寺の建物は「Tの字」型の配置である。前堂と上殿は共に3間半、上殿は「土蔵造り」、前堂の裏には狭い庭がある。

寺にある仏像はおもに19世紀につくられたもので、美術的な価値は高い。

Phúc Lý 寺（福里寺／漢字名・蓮福寺 Liên Phúc tự）

フックリー寺はハノイの中心から西北へ約17km、ハノイ市慈廉県富明区（phường Phú MInh）にある。国道32号線を下って紙橋、演橋を渡って直ぐ右に曲がり、踏み切りを渡って約1km先にある。

寺の規模は大きい。独立戦争の際、仏軍によって破壊されたが、その後再建された。

現在は、上殿と聖母殿がある。その中に15体の古い仏像が保存されている。18～19世紀にかけての本格的な作品である。その他に、菊の花と龍が彫刻された銅鐘がある。

Quán La 寺（館羅寺／漢字名・開源寺 Khai Nguyên tự）

クアンラ寺はハノイ市西湖郡春羅区（phường Xuân La）館羅村にある。李幣春（Lý Tế Xuyên）の書いた『越殿幽霊集』（Việt Điện u linh tập）によると、寺と館は唐（中国）時代の715年（開元年代）に建立された。異説もある。陳朝時代の1258年、文草（Văn Thao）禅師が建立し

たともいわれる。

　寺は三宝、聖母殿、碑堂などからなる。三宝は「逆Tの字」型で前堂と上殿があり、前堂が5間の「土蔵造り」、上殿は3間である。寺には、19世紀の彫刻作品が数多く保存されている。

Quảng Bá 寺（広伯寺／漢字名・皇恩寺 Hoàng Ân tự）

　クアンバー寺はハノイ市西湖郡広安村（xa Quang An）村にある。

　1677年（黎熙宗時代・Lê Hy Tông）に建てられた碑によると、寺は1628年に忌み名が玉思（Ngọc Ân）と言われる皇女によって建立されたという。寺の元の名前は「龍恩」と記されている。1821年、寺の名前が現在のものに変わった。1844年と1923年に大修理が行われている。

　寺は草堂派に属する。本堂、聖母殿、奉祖堂、鐘楼、塔、渡り廊下、僧侶の部屋などからなる。

　本堂（前堂と後宮）は、5間の屋根瓦で、ちょうど真ん中に太陽を頭に乗せた虎の顔のホーフー（魔除け）の塑像が置かれている。

　寺と後宮には煉瓦が敷かれ、後宮は3間で前堂と繋がっている。本堂、聖母殿、客室、奉祖堂は簡素で落ち着いた雰囲気を漂わせている。

　寺には数多くの貴重な祭祀用具が保存されている。黎顕宗時代の1743年に鋳造された銅鐘は高さ1.5m、周囲80cmと大きく、「龍恩寺鐘」の4文字が浮き彫りにされている。

　寺にある像は30体、17〜20世紀に彫刻されたもので、歴史的にも芸術的にも価値が高い。特に南海観音像、弥勒菩薩像は美しい。その他に、19〜20世紀の造られた33基の碑がある。また、歴代の住職を埋葬した塔がいくつか建てられているが、特別なのは范玉達（Phạm Ngọc Đạt）の塔で、彼の号「平諒覚明」（Bình Lượng Giác Minh）が刻まれている。

　彼はホーチミン主席がタイ国で秘密活動をしていたころの恩人で、

1968年3月にハノイで亡くなった。抗仏戦争時代、寺は革命活動の拠点の1つで、奉祖堂には当時の秘密の地下壕の痕が残されている。鐘楼は当時、幹部が隠れて見張りをするのに便利な場所であったといわれている。

Quỳnh Đô 寺(瓊都寺/漢字名・白明寺 Bạch Minh tự)
_{クインドー}

クインドー寺はハノイ郊外の清池県永瓊区瓊都村にある。ハノイの中心から国道1号線を西南へ約12km下り、文点街（Văn Diện）を抜けて右に線路を渡り、直ぐ左に折れ、約2kmのところの村の高台にある。

建立時期はかなり古いとみられている。三観門、三宝、客室、奉祖堂などからなり、三宝は「逆Tの字」型、前堂が5間、上殿が3間である。

寺には、8～19世紀にかけて作られた数多くの仏像、祭祀用具が残されている。

Sen Hồ 寺（蓮湖寺/漢字名・万春寺 Vạn Xuân tự）

センホー寺はハノイ中心から東北へ約20km、嘉林県麗芝区（xã Lê Chi）蓮湖村にある。彰陽橋、堆橋を渡ったところで右に曲がり、さらに国道5号線を富氏まで進み、そこを左に曲がって約5km行ったところに寺はある。寺の左側に小さな廟がある。

寺の規模は小さいが、どの建物も奇を衒った彫刻はないが美しい。前堂の前に煉瓦敷きの小さな庭があり、庭には黎朝中興期（18世紀）の香石が置かれている。仏像は三世像、阿弥陀像、南海観音像、金剛像など39体あり、どれも優れている。他に黎朝中興期に製作された玉女像がある。また、「万春寺鐘」と刻印された高さ1.13m、周囲48cmの銅鐘（1845年鋳造）の音色は心地よい。

Sùng Phúc 寺（崇福寺／漢字名・崇慶寺 Sùng Khánh tự）
<ruby>スン<rt>スン</rt></ruby> <ruby>フック<rt>フック</rt></ruby>

　スンフック寺はハノイ郊外、龍編郡龍編区（ロンビエン）にある。彰陽橋を渡り、紅河の堤防に沿って約5km進んだ小高い閑静なところに、本堂、前堂、焼香堂、上殿などが阮朝時代の様式で建てられている。バスは47番。土塊（コーコイ）下車。

　寺には阿弥陀像、勢至菩薩像、准胝観音像、三世像、文殊菩薩像、普賢菩薩像など26体の仏像が安置されており、いずれも18世紀末期の作品である。なかでも蓮華台に座る阿弥陀像の崇高さは見るものに深い感銘を与える。

Sùng Quang 寺（崇光寺）

　スンクアン寺はハノイ市慈廉県古芮区（トゥリエム）（Cổ Nhuế）にある。

　寺の縁起によると、李太宗帝の皇女・明顕の布施によって建立されたというが、現在その痕跡は残っていない。

　1745年に建てられた碑によると、当時の土地の有力者の夫人であった呉市后（Ngô Thị Hậu）という女性が、荒廃していた寺を再興したとある。その後も、寺は何度も修復されている。

　三観門に鐘楼があり、2階層の屋根になっている。本堂は前堂が5間、後宮が3間で、後宮は東方向を向き、奉祖堂、聖母殿がある。仏像は三世像、准胝観音像、八部金剛像など30体あり、いずれも19世紀のものであり、木像が多い。その他、11基の石碑、厨子、2つの銅製の神輿、成泰時代（1889～1907年）、維新時代（1907～1916年）の2つの銅鐘がある。

Tàm Xá 寺(蚕赦寺／漢字名・霊応寺 Ling Ứng tự)

タムサー寺はハノイの中心から西北へ約30km、東英県蚕赦区蚕赦村にある。近年発見された碑によると、寺は17世紀に建立されたとある。

本堂は庭より40cm高い基礎の上に「Tの字」型に建てられている。周囲は堅く閉ざされた壁になっている。前堂は3間で、寺の中央は上殿に繋がっている。上殿の中央の高い台座の上に仏像が安置されている。他に奉祖堂と客室がある。

寺には40体の仏像(その中の10体は黎朝時代の作品)がある。他に、四霊が彫られた神輿、「霊応寺」と漢字で彫刻された高さ118cmの額、嗣徳時代(1848〜1883年)に鋳造された鐘などがある。

Thanh Am 寺(聖庵寺／漢字名・東霊寺 Đông Linh tự)

タインアム寺は、ハノイの中心より彰陽橋、堆橋を渡り、西北へ約8km行ったところ、龍編郡上聖区聖庵村にある。

寺と亭は同時に建立されており、その時期ははっきりしないが、かなり昔のことだったらしい。

寺は前堂、後宮、奉祖堂があり、近年を含めて何度も修理されている。19世紀の格調高い作品を中心とする仏像の数も多い。また、1793年(西山朝時代)に鋳造された鐘がある。

Thanh Nhàn 寺(清眼寺)

タインニャン寺はハノイ市棟多郡於椰市区(phường Ô Chợ Dừa)羅城堤(phố Đê La Thành)通りにある。 寺の周辺に義批亭と東閣亭という2つ

の亭がある。義批亭の縁起を述べた「義批造亭碑記」によると、寺は1692年に建立されたとある。18世紀に入って、寺は廃寺寸前にまで衰微したが、黎朝の有力者都（Đô）一族の将軍によって、清眼寺は修復され再建された。その後も1810年に修理修復され、鐘が鋳造された。1895年に三宝が、1946年に供物の準備室が修理された。

三宝は「逆Tの字」型、仏像には価値の高いものが多い。他に、都一族の2人の将軍の肖像・位牌が保存されている。

Thiên Phúc 寺（天福寺）

ティエンフック寺はハノイの中心から約13km南、ハノイ市黄梅郡定公区（phương Đinh Công）定公上村（làng Đinh Công Thượng）にある。

1832年に建てられた碑によると、寺はかなりた古くからあったようである。

寺は三宝、奉祖堂、聖母殿、客室、塔などからなる。三宝は「逆Tの字」型で、前堂が5間、後宮は3間で「土蔵造り」である。

建物には、四季と四霊が彫刻され、クアヴォンには花と月を中心に向かい合った龍が彫刻されている。寺には、阿弥陀像、准胝観音像、徳翁像、釈迦誕生像、閻魔大王像、護法の善・悪像などの仏像・神像と聖賢像、1763年に彫刻された石碑がある。

Thôn Nha 寺（村芽寺／漢字名・古霊寺 Cổ Linh tự）

トンニャー寺はハノイ郊外、紅河に架かる彰陽橋を渡って堤防沿いを流に沿って約5km先、龍編郡龍編区村街村（thôn Nha）にある。

前堂、焼香堂、上殿が「Tの字」型に配置されている。本堂は最近新築された。柱や梁には龍、植物、雲などの多彩な浮き彫りがされている。

25体の仏像があり、11体は黎朝時代（18世紀）、14体は阮朝時代（19世紀）の作品である。黎朝時代の像の顔はのっぺりとしているが、阮朝時代のそれはふくよかである。その他、銅製、木製、磁器製の祭祀用具が数多く保存されている

Thượng Đồng 寺（上銅寺／漢字名・顕応寺 Hiển Ứng tự）

トゥオンドン寺はハノイ中心から北へ約15km、ハノイ市龍編郡会赦区（phường Hội Xá）上銅村（làng Thượng Đồng）にある。

寺は三観門、前堂、上殿、焼香堂、鐘楼などからなる。建物の規模は小さいが、丁寧に造られ、建築技術は高い。また黎朝時代に建てられた3基の石碑は歴史的価値も高い。

寺には、阿弥陀像、観音菩薩像、大司教像、聖僧像、九龍像などの像が保存されている。

Tiên Linh 寺（先霊寺／漢字名・鐘霊寺 Chung Ling tự）

ティンリン寺はハノイの中心から南へ約17km、ハノイ市清池県万福区（phường Vạn Phúc）にある。蘇歴川のほとり、多くの古木に囲まれた小高い丘の上にある。庭には池があり、多くの果樹も植えられ、見晴らしもよく、観光客が訪れるのに絶好の寺である。

建立されたのは、李朝の開祖・李太祖帝といわれている。1010年、李太祖帝は蘇歴川の堤防を造成するという大事業を行った。その事業を記念するために、堤防の下に寺が建てられた。その後、各李朝の帝がしばしばこの寺を訪れた。明、清など中国がベトナムに侵攻してきたとき、この寺はそれに抵抗する拠点となった。抗仏戦争で、この寺は破壊されたが、戦後村人が浄財を喜捨して再建した。

貴重な文化遺産も数多く保存されている。仏像は阿弥陀像、宋子観音像、千手観音像、九龍像など数10体あり、どれも美しい。その他、18世紀に造られた漆に金箔の貼られた厨子、銅製の香炉などがある。

Tình Quang 寺（情光寺）

ティンクアン寺はハノイの中心、ホアンキエム湖から東北へ12km、彰陽橋、堆橋、道橋を渡って、右に曲がり、道川の右岸を約3km行ったところ、ハノイ市龍編郡江編区（phường Giang Biên）情光村（thôn Tình Quang）村にある。

建立時期ははっきりしないが、かなり古いといわれている。19世紀初頭に大修理が行われている。

寺は東南向きで、建物は「二の字」型に配置されている。前堂と上殿は平行した3間の建物になっている。17～18世紀頃の木製の彫刻作品を中心とした仏像がかなり多く保存されている。また1849年に鋳造された「情光寺」と刻印された鐘がある。

Triệu Khánh 寺（趙慶寺）

チェウカイン寺はハノイの中心から国道1号線を南に下り、約13km先、清池県文点にある。小高い丘に西向きに建てられている。

寺の配置は「Tの字」型で、前堂と上殿が連絡している。

寺の創立時期は不明だが、1723年建立の碑があり、また1750年建立の石碑には寺の修理について書かれ、その時、阿弥陀像も造られたとある。前堂の梁に刻まれた四霊（龍・鳳凰、亀・麒麟）などの彫刻は17世紀の作品と断定できる。

寺には三世像、阿弥陀三尊像、華厳三聖像、千手観音像、閻魔大王像

など数多くの像が保存されている。異色なのは、男女の神が抱擁し合っている像で、他の寺で見られない。そのほか1794年鋳造の銅鐘、1840年の磬などが保存されている。

Trùng Quang 寺（重光寺）

チュンクアン寺はハノイの中心から西へ約17km、慈廉県大吉区（phường Đại Cát）にある。

創立時期はかなり早いようだ。1700年には阮貴徳（Nguyễn Quý Đức）禅師が大修復を行ったという記録が残っている。その後、何度も修復され、現在は創立当時の面影はない。

寺は三観門、三宝、前堂、上殿などからなり、いずれも建築様式は古い。寺には18～19世紀につくられた三世像、弥陀三尊像など42体の像があり、芸術的な価値も高い。また、2つの銅鐘、1765年製の石の磬、4基の石碑があり、中でも景興年号（1740～1786年・黎顕宗帝の治世）のものが一番古い。

Trường Lâm 寺（長林寺）

チュオンラム寺はハノイ郊外、龍編郡越雄区（phương Việt Hưng）長林村（thôn Trường Lâm）にある。

寺は李朝時代に建立され、その後何度も修理・修復が行われたと伝えられている。現在の寺の規模は中庸で、19世紀の建築様式による前堂と上殿がある。

保存されている仏像はかなり多く、いずれも20世紀初頭の作品である。

Tự Khoât 寺（祀闘寺／漢字名・香福寺 Hương Phúc tự）

トウコアット寺はハノイの中心から南へ国道1号線を約13km下った文点（Văn Điển）町の傍、ハノイ市清池県五協区（xã Ngũ Hiệp）祀闘村にある。

　伝説によると、李朝時代、2人の皇女が寺を建立する候補地を探していた。この村まで来たとき、高台からの眺めが素晴らしかったので、2人は財産を寄進し、ここにトゥコアット寺を建立した。2人は寺で修行する傍ら、18歳以上の村人に植林の技術を教え、そこからあがる収益を寺の修理費にあてるよう指導した。

　1789年、西山朝（1786～1802年）を創設した3兄弟のひとり、阮恵が、前年首都昇龍に侵攻してきた清軍を打ち破った。その戦役の最中、この寺は清軍に破壊されてしまった。寺の住職は村人に呼びかけて西山義勇軍を募り、勝利に貢献した。また寺に近い瑪吽（Mả Ngô）は侵略軍の戦死者を埋葬した場所といわれている。

　寺は三観門、前堂、焼香堂、後宮、奉祖堂、宿泊施設がなどからなる。前堂、焼香堂、後宮は「工の字」型に配置されている。三観門は建物の4面に入り口があり、中央に空き地があるという独特の建築様式がとられている。前堂は5間、焼香堂は2間、後宮が5間で、阮朝時代の精緻な彫刻が施されている。

　寺には52体の像が安置されている。18～19世紀の作品で、芸術性も高い。その他には、銅鐘、石碑、石像が保存されている。

Ung Linh 寺（応霊寺）

ウンリン寺はハノイ市清池県大盎区（xã Đại Ang）永中村（thôn Vĩnh

Trung）にある。ハノイの中心から南へ約 22km、国道 1 号線を南下して、文点（Văn Điện）玉会（Ngọc Hồi）街を通過して右に曲がり、落氏村、永盛村を通り、永中村に着く。寺の傍らに亭・廟も建てられている。

　寺は前堂、上殿、奉祖堂、宿泊施設などからなる。また多くの仏像、石碑、祭祀用具が保存されている。美しい彫刻作品も多い。

　1945 年の 8 月革命以前は、寺は反仏闘争の重要拠点のひとつとなっていた。現在、徳聖像の下に、その当時の闘士たちが隠れるために掘られたトンネルが保存されている。

Vạn Phúc 寺（万福寺／漢字名・鐘霊祀 Chung Linh tự）

　ヴァンフック寺はハノイ市の中心から約 15km 南、清池県万福区（xã Vạn Phúc）にある。村の中央の明るくて小高い場所に西南向きに建っている。

　建物は三宝が「逆 T の字」型で、前堂の長さが 15.5m、幅 5m で、天井は 4 本の柱が支え、屋根はは階層になっている。

　寺には、三世像、観音像、大勢至観音像など多くの貴重な像が保存されている。また 18 世紀に鋳造された銅鐘がある。

Vĩnh Phúc 寺（永福寺／漢字名・永慶寺 Vĩnh Khánh tự）

　ヴィンフック寺はハノイ市巴亭郡（quận Ba Đinh）玉河区（phường Ngọc Hà）永福（Vĩnh Phúc）荘園にある。永福上寺と紛らわしいので、永福下寺とも呼ばれている。

　伝説によると、前期黎朝時代（980〜1009 年）、ある皇女が創立したと言われている。永慶寺とも呼ばれている。

　寺には、黎朝中興期の 16〜18 世紀に鋳造された鐘が保存されており、

そこには「永慶寺鐘」との銘が彫られている。また高さ約40cmの石像が2つ、鋳鉄製の九龍像、赤粘土で作った塑像なども残されている。

　寺は何度も修理が行われた。現在の建物の主要部分は阮朝時代に修復されたもので、芸術性も高い。1991年に全面的な修理が行われたが、従来の様式をそのまま残すように配慮されている。

Xã Đàn 寺（社壇寺／漢字名・金安寺 Kim Yên tự）

　サーダン寺の扁額は漢字で金安寺と書かれているが、通常、社壇寺と呼ばれている。太宗時代の1048年、国家の行事として、地の神と農業神を祀るためにここに建立された。また『大越史記全集』によると、李太祖（1028～1054年）の時代、社（土地神を祭る祭壇）と稷（穀物の神を祭る祭壇）、社稷壇がこの地に建立されたとある。寺の名も、そこに由来する。

　寺にはたくさんの碑が残されている。1520年の古い后碑記、1676年の鐘に、この寺の修復について記されている。

　本堂は「逆Tの字」型の前堂と上殿がある。前堂は5間の「土蔵造り」で、柄の部分は4間である。三宝の傍には、奉祖堂、聖母殿、客室がある。幾つかの建物は15～16世紀の古い年代のものである。

　寺には仏像の他に宝和皇女を祀っている。皇女は11世紀の宋(中国)との戦いで、功績を挙げたといわれている。

Yên Nội 寺（安内寺／漢字名・聖光寺 Thánh Quanh tự）

　イエンノイ寺はハノイ市郊外の慈廉県懸廉幕区（phường Liêm Mạc）にある。ハノイの中心から約25km西北、紅河の右岸にある。

　伝説によると、陳朝の初代皇帝・陳太祖（Trần Thái Tổ）は、1257年の

第 1 次元軍の侵略を撃退したあと、各地に荒地を開墾するために皇族たちを入植させた。

　皇家の 4 女・即貞（Túc Trinh）夫人はこの地に入り、安内村をつくり、同時に寺も建立した。夫人が亡くなった時、村人は、「聖光寺」（Thánh Quanh tự）と名付けて夫人を祀った。1913 年に鐘楼が建てられた。寺の規模は大きい。

　毎年、村人は陰暦 8 月 1 日と 2 日に、即貞夫人を礼拝するために寺に参詣する。寺は「内工外国」の建築方法で、前堂が 5 間 2 半間の「土蔵造り」、前方には柱があり、棟の上には、「聖光祀」と書かれてある。

　寺には数多くの彫刻作品が保存されている。龍や鳳凰や各種の花の彫刻は格調が高い。仏像、聖母像、即貞夫人像などの像の多くは黎朝時代に彫刻された。

★参考文献（著作名／著作者／出版社）

Đình và Đền Hà Nội Nguyễn Thế Long ／ Nhà Xuất Bản Văn Hóa

Các Triều Dại Việt Nam ／ Quỳnh Cư- Đỗ Đức Hùng ／ Nhà Xuất Bản Thanh Niên

Ha Noi Tourist Map （河内旅遊圖）／ Nhà Xuất Bản Bản Đồ

Kiến trúc cổ Việt Nam ／ Vu Tạm Lang ／ Nhà Xuất Bản Xây Dựng

Bảng Phuên Âm Nôm Việ ／ Tương Đình Tín ／ Xuất Bản Thuận Hóa

Từ Điển Việt Anh Hoa Vinh-Thị Lệ-Hoàang Anh Xuất Bản Thông Kê

Dai Viet Su Ky Toan Thu ／ Ngo Si Lien, etc ／ Nha Xuat Ban Thoi Dai

Từ Điển Việt Nhật （越日小辞典）／ Xuất Bản Văn Hóa

Viet Nam Su Luoc （越南史略）／ Tran Trong Kim

仏像の辞典／関根俊一／学習研究社

物語 ヴェトナムの歴史／小倉貞男／中央公論社

中国の神々／大沢広彰／学習研究社

仏教のすべて／阿部林一郎／日本文芸社

道教の神々／窪徳忠／平河出版社

道教の本／大沢広彰／学習研究社

仏像の事典／熊田由美子／成美堂出版

★あとがき

　本書の翻訳に取り掛かって、足かけ9年になります。私は翻訳家でもベトナム宗教の専門家でもありません。ただ、ベトナムのお寺や神社の魅力にとりつかれ、足しげく数多くの社寺に通ってきました。そして、なんとかこの魅力を日本の人たちに伝えたいと思っていたところ、その目的を果たすのに格好の本書にぶつかったというわけです。初めは詳しい越日辞典がなく苦労しましたが、越英辞典→英日辞典という方法を見つけ、なんとか格好をつけることができました。

　ハノイではハードの面では急速に近代化が進んでいますが、人びと信仰の篤さというソフトの面は昔と変わらず、時間はゆっくり流れています。先祖を祀る風習があり、どの家、どの会社、どの商店でも先祖を祀っています。これは財神も兼ねているようですが、毎日花や供物を捧げて手を合わせています。

　本書の刊行には多くの方々にお世話になりました。まず本書 Chua Ha Noi の著者・Nguyen The Long、Pham Mai Hung の両氏に感謝します。快く写真撮影に協力してくれました神社仏閣の方々、ありがとうございました。また文章の校正にご尽力いただいた創土社の酒井武史さんにも感謝します。

　シリーズ続刊として「ハノイの神社」、「ハノイの神々」、「聖母巡礼」も予定しています。また、道教のシャーマンが演じる「レンドン」という儀式のルポをまとめたものも考えています。

　みなさん、ハノイにおいでの節は、ぜひ寺や神社を訪れてみてください。ご質問がありましたら、私にお電話ください。電話番号は +84-90-409-9553。

2016年6月 金田 力

＊著者紹介：金田力（かねだ・つとむ）
定年を 2000 年に迎え、10 年前から準備していた「老後の生活」を始める。写真、短歌、俳句、など。定年後の仕事のためにボイラー、国内旅行業務取扱管理者などの免許も取得。また、中国ブームでもあったので中国語も齧る。しかし、どれもも今一つで、2001 年、一念発起して「ベトナム大好き」というグループを立ち上げようと、ベトナムのハノイに来てベトナム語の勉強を始める。2016 年現在、ハノイ在中。現地では寺院、神社への案内も行っている。

＊シリーズ　ベトナムの仏と神をたずねて・続刊予定：
②「ハノイの神社」
③「ハノイの神々」

ハノイの寺
シリーズ　ベトナムの仏と神をたずねて ①

2016 年 7 月 1 日　第 1 刷

著者

金田 力

発行人

酒井 武史

発行所　株式会社　創土社

〒 165-0031　東京都中野区上鷺宮 5-18-3

電話 03-3970-2669　FAX 03-3825-8714

http://www.soudosha.jp

印刷　シナノ印刷

ISBN：978-4-7988-0226-8　C2026

定価はカバーに印刷してあります。